Dr. Oetker

Kuchenbuffets

Neue Blechkuchenrezepte

Dr. Oetker

Kuchenbuffets

Neue Blechkuchenrezepte

Vorwort

Bei diesen Leckereien darf es gern mal ein Stück mehr sein.

Die nächste Feier mit Freunden, Familie oder Nachbarn kann kommen. Denn jetzt gibt es die besten Blechkuchen zum Verwöhnen – leckere Obstkuchen mit den Früchten der Saison oder verführerische Kuchen mit Schokolade, Mokka und Nuss.

Köstliche neue Rezeptideen, bei denen die Auswahl schwer fällt: Schichtkuchen mit Pflaumenmus, Quark-Sahne-Mandarinen-Schnitten, Mandel-Rahmkuchen, Erdbeer-Vanillecreme-Kuchen, Schoko-Vanille-Kuchen ...

Der große Vorteil ist, dass sie bereits mit zwei oder drei Kuchen eine beeindruckende Kuchenschlacht veranstalten können – außerdem sind die Kuchen gut vorzubereiten, sodass Sie sich ganz Ihren Gästen widmen können.

Und die nächste Feier unter Nachbarn wird wunderbar einfach, denn wenn jeder einen Kuchen mitbringt, ist das Kuchenbuffet schnell komplett!

Alle Rezepte wurden ausprobiert und so gut beschrieben, dass sie Ihnen sicher gelingen.

Friedliche Beerenschlacht

Wer viel Eier hat,
backt viel Kuchen.
(ALTVÄTERLICHES SPRICHWORT)

Grießrahm-Brombeer-Kuchen

etwa 20 Stück

Für den Knetteig:
450 g Weizenmehl
300 g Butter oder Margarine
150 g Zucker
1 Eigelb (Größe M)
1 Prise Salz

1 EL Weizenmehl zum Ausrollen

Für die Grieß-Vanille-Creme:
700 ml Milch
500 g Schlagsahne
150 g Zucker
1 Vanilleschote
70 g Weichweizengrieß
1 Eigelb (Größe M)

350 g frische oder TK-Brombeeren

Für den Tortenguss:
1 Pck. Tortenguss, klar
2 EL Zucker
250 ml (¼ l) schwarzer Johannisbeernektar

Zubereitungszeit:
50 Minuten
Backzeit:
etwa 40 Minuten

Pro Stück:
E: 5 g, F: 23 g, Kh: 42 g,
kJ: 1658, kcal: 396, BE: 3,5

RAFFINIERT

{1} Den Backofen vorheizen.
Ober-/Unterhitze: etwa 200 °C
Heißluft: etwa 180 °C

{2} Für den Teig Mehl in eine Rührschüssel geben. Butter oder Margarine, Zucker, Eigelb und Salz hinzufügen. Die Zutaten mit Handrührgerät mit Knethaken zunächst kurz auf niedrigster, dann auf höchster Stufe gut durcharbeiten.

{3} Den Teig in einem tiefen Backblech oder einer Fettpfanne (30 x 40 cm, gefettet, mit Backpapier belegt) ausrollen, dabei einen kleinen Rand andrücken. Das Backblech oder die Fettpfanne in den vorgeheizten Backofen schieben. Den Knetteigboden etwa 15 Minuten goldbraun vorbacken.

{4} In der Zwischenzeit für die Creme Milch, Sahne und Zucker in einem Topf verrühren. Die Vanilleschote längs halbieren und das Mark mit einem Messerrücken herausschaben. Vanillemark und -schote in die Sahnemilch geben, zum Kochen bringen und etwa 15 Minuten bei mittlerer Hitze ziehen lassen. Grieß einstreuen und etwa 15 Minuten unter gelegentlichem Rühren bei schwacher Hitze kochen lassen. Den Topf von der Kochstelle nehmen. Vanilleschote entfernen und das Eigelb unterrühren.

{5} Das Backblech oder die Fettpfanne auf einen Kuchenrost stellen.
Die Backtemperatur um etwa 20 °C herunterschalten.

{6} Die Grießrahmcreme auf dem vorgebackenen Knetteigboden verteilen. Creme etwa 10 Minuten abkühlen lassen.

{7} Frische Brombeeren putzen, waschen, abtropfen lassen und evtl. entstielen.

{8} Die Brombeeren (TK-Brombeeren unaufgetaut) auf der Grießrahmcreme verteilen und etwas eindrücken. Den Rand dabei frei lassen. Das Backblech oder die Fettpfanne wieder in vorgeheizten Backofen schieben. Den Grießrahm-Brombeer-Kuchen in etwa 25 Minuten fertig backen.

{9} Das Backblech oder die Fettpfanne auf einen Kuchenrost stellen. Den Grießrahm-Brombeer-Kuchen erkalten lassen.

{10} Für den Guss aus Tortengusspulver, Zucker und Johannisbeernektar einen Guss nach Packungsanleitung zubereiten. Den Guss mithilfe eines Löffels auf den Kuchen träufeln. Den Grießrahm-Brombeer-Kuchen erkalten lassen und in etwa 7 x 8 cm große Stücke schneiden.

Heidelbeer-Butterkuchen mit Zuckerkruste

etwa 25 Stück

Für den Hefeteig:
350 g Weizenmehl
1 Pck. Dr. Oetker Trockenbackhefe
80 g Zucker
100 ml lauwarme Milch
1 Eigelb (Größe M)
150 g Schlagsahne

2 EL Weizenmehl zum Bestäuben

Für den Belag:
1 Glas Wald-Heidelbeeren
(Abtropfgewicht 205 g)
1 Ei (Größe M)
1 Eiweiß (Größe M)
80 g Zucker
100 g weiche Butter
200 g gehobelte Mandeln
3 EL Schlagsahne

Zum Bestreuen:
120 g Zucker

Zubereitungszeit:
50 Minuten, ohne Teiggehzeit
Backzeit:
etwa 35 Minuten

Pro Stück:
E: 4 g, F: 11 g, Kh: 24 g,
kJ: 879, kcal: 210, BE: 2,0

ETWAS BESONDERES

{1} Für den Teig 150 g des Mehls mit Trockenbackhefe und Zucker in einer Rührschüssel vermischen. Lauwarme Milch unterrühren und mit Handrührgerät mit Knethaken zu einem weichen Vorteig verkneten. Den Teig zugedeckt etwa 30 Minuten an einem warmen Ort gehen lassen.

{2} Eigelb, Sahne und restliches Mehl zum gegangenen Teig in die Schüssel geben und mit Handrührgerät mit Knethaken in etwa 5 Minuten zu einem weichen Teig verkneten. Den Teig nochmals zugedeckt etwa 30 Minuten an einem warmen Ort gehen lassen.

{3} Den gegangenen Teig mit Mehl bestäuben, aus der Schüssel nehmen und auf einem Backblech (30 x 40 cm, gefettet, mit Backpapier belegt) dünn ausrollen. Einen Backrahmen darumstellen. Den Teig nochmals zugedeckt etwa 30 Minuten an einen warmen Ort gehen lassen.

{4} Für den Belag Heidelbeeren in einem Sieb abtropfen lassen und auf dem gegangenen Hefeteig verteilen.

{5} Ei und Eiweiß in einer Rührschüssel mit Handrührgerät mit Rührbesen auf höchster Stufe schaumig schlagen. Den Zucker unterschlagen, bis ein fester Schaum entstanden ist. Den Eierschaum auf den Heidelbeeren verteilen. Mit einem Holzlöffel Vertiefungen in die Teigoberfläche drücken. Butter in Flöckchen daraufsetzen und mit Mandeln bestreuen. Sahne daraufträufeln. Den Teig nochmals zugedeckt etwa 30 Minuten an einem warmen Ort gehen lassen.

{6} In der Zwischenzeit den Backofen vorheizen.
Ober-/Unterhitze: etwa 180 °C
Heißluft: etwa 160 °C

{7} Zucker gleichmäßig auf den Kuchen streuen. Das Backblech in den vorgeheizten Backofen schieben. Den Kuchen etwa 35 Minuten backen.

{8} Das Backblech auf einen Kuchenrost stellen. Den Heidelbeer-Butterkuchen etwas abkühlen lassen, Backrahmen lösen und entfernen. Den Heidelbeer-Butterkuchen in etwa 6 x 7 cm große Stücke schneiden und warm servieren.

Mandel-Panna-Cotta-Schnitten

etwa 30 Stück

Zum Vorbereiten:
200 g nicht abgezogene, ganze Mandeln
1 Bio-Orange (unbehandelt, ungewachst)

Für den Orangenbiskuit:
5 Eier (Größe L)
1 Prise Salz
150 g Zucker
150 g Weizenmehl

Zum Tränken:
Saft 1 Orange (von der Bio-Orange)

Für die Mandel-Panna-Cotta:
7 Blatt weiße Gelatine
300 ml Milch
1000 g Schlagsahne
150 g Zucker
1 Pck. Dr. Oetker Bourbon-Vanille-Zucker

Für den Belag:
750 g frische Himbeeren
1 Pck. Tortenguss, klar
150 g Zucker
250 ml (¼ l) schwarzer Johannisbeernektar

Zubereitungszeit:
70 Minuten, ohne Kühlzeit
Backzeit:
etwa 12 Minuten

Pro Stück:
E: 4 g, F: 14 g, Kh: 25 g,
kJ: 1017, kcal: 243, BE: 2,0

FRUCHTIG

{1} Den Backofen vorheizen.
Ober-/Unterhitze: etwa 180 °C
Heißluft: etwa 160 °C

{2} Zum Vorbereiten Mandeln auf einem Backblech verteilen und in den vorgeheizten Backofen schieben. Die Mandeln 15-20 Minuten rösten, bis sie duften. Die Mandeln vom Backblech nehmen und erkalten lassen. Orange heiß abwaschen, abtrocknen und die Schale abreiben. Orange halbieren, den Saft auspressen und zum Tränken beiseitestellen.

{3} Für den Teig Eier und Salz in einer Rührschüssel mit Handrührgerät mit Rührbesen auf höchster Stufe etwa 1 Minute schaumig schlagen. Zucker in 1 Minute unter Rühren einstreuen und noch 2 Minuten weiterschlagen.

{4} Mehl mit der Orangenschale mischen und kurz auf niedrigster Stufe unterrühren. Den Teig auf ein Backblech (30 x 40 cm, gefettet, mit Backpapier belegt) geben und glatt streichen. Das Backblech in den vorgeheizten Backofen schieben. Den Biskuitboden etwa 12 Minuten backen.

{5} Das Backblech auf einen Kuchenrost stellen. Den Biskuitboden erkalten lassen und mit dem beiseitegestellten Orangensaft beträufeln.

{6} Für die Panna-Cotta die gerösteten Mandeln in einem Blitzhacker sehr fein hacken. Gelatine in kaltem Wasser nach Packungsanleitung einweichen. Milch mit 100 g der Sahne in einem Topf aufkochen lassen. Mandeln hinzugeben und etwa 10 Minuten bei schwacher Hitze ziehen, aber nicht kochen lassen.

{7} Die Mandelmilch durch ein Sieb in einen Topf gießen. Die Mandeln gut ausdrücken und entfernen. Eingeweichte Gelatine leicht ausdrücken, in der Mandelmilch unter Rühren auflösen. Mandelmilch kalt stellen, dabei gelegentlich umrühren.

{8} Restliche Sahne (900 g) mit Handrührgerät mit Rührbesen in 2 Portionen steif schlagen, dabei Zucker und Vanille-Zucker unterrühren. Wenn die Mandelmilch beginnt dicklich zu werden, sie mit einem Schneebesen glatt rühren. Etwa ein Drittel der Sahne zügig mit dem Schneebesen unter die Mandelmilch rühren. Restliche Sahne mit einem Teigschaber unterheben.

{9} Die Panna-Cotta-Creme auf den Biskuitboden geben und glatt streichen. Den Kuchen etwa 2 Stunden kalt stellen.

{10} Für den Belag Himbeeren verlesen, evtl. kurz abspülen und gut trocken tupfen. Himbeeren auf die Panna-Cotta-Creme legen. Aus Tortengusspulver, Zucker und Johannisbeernektar einen Guss nach Packungsanleitung zubereiten. Den Guss mit einem Löffel auf die Himbeeren träufeln.

{11} Den Himbeerkuchen mindestens 4 Stunden kalt stellen. Evtl. die Kuchenränder gerade schneiden. Den Himbeerkuchen in etwa 6 x 6 cm große Stücke schneiden.

Schichtkuchen mit Pflaumenmus

etwa 70 Stück

Für den Hefeteig:
200 ml Milch
100 g Butter oder Margarine
375 g Weizenmehl
1 Pck. Dr. Oetker Trockenbackhefe
140 g Zucker

3 EL Weizenmehl zum Bestäuben

Für die 1. Schicht:
600 g Pflaumenmus
1 EL Weichweizengrieß

Für die 2. Schicht:
600 g Doppelrahm-Frischkäse
100 g weiche Butter
100 g Zucker
1 Ei (Größe M)
1 Pck. Saucenpulver Vanille-Geschmack, zum Kochen

Für die 3. Schicht:
1 Pck. Dr. Oetker Pudding-Pulver Vanille-Geschmack
200 g Zucker
500 ml (½ l) Milch
4 Eigelb (Größe M)
250 g weiche Butter
4 Eiweiß (Größe M)

Zubereitungszeit:
80 Minuten, ohne Teiggehzeit
Backzeit:
etwa 50 Minuten

Pro Stück:
E: 3 g, F: 9 g, Kh: 16 g,
kJ: 650, kcal: 155, BE: 1,5

ETWAS AUFWENDIGER

{1} Für den Hefeteig Milch erwärmen, Butter oder Margarine darin zerlassen. Mehl in einer Rührschüssel mit Trockenbackhefe sorgfältig vermischen. Zucker und die Milch-Fett-Mischung hinzufügen. Die Zutaten mit Handrührgerät mit Knethaken zunächst kurz auf niedrigster, dann auf höchster Stufe in etwa 5 Minuten zu einem glatten, weichen Teig verarbeiten. Den Teig zugedeckt etwa 60 Minuten an einem warmen Ort gehen lassen.

{2} Den gegangenen Teig mit Mehl bestäuben, aus der Schüssel nehmen und auf einer bemehlten Arbeitsfläche nochmals kurz durchkneten. Den Teig auf einem Backblech (30 x 40 cm, gefettet, mit Backpapier belegt) ausrollen, einen Backrahmen darumstellen und einen etwa 2 cm hohen Rand andrücken. Den Teig nochmals zugedeckt etwa 30 Minuten an einem warmen Ort gehen lassen.

{3} Für die 1. Schicht Pflaumenmus mit Grieß verrühren und auf dem gegangenen Hefeteig verteilen.

{4} Für die 2. Schicht Frischkäse mit Butter und Zucker verschlagen. Ei und Saucenpulver gut unterrühren. Die Frischkäsemasse esslöffelweise auf das Pflaumenmus geben und glatt streichen.

{5} Den Backofen vorheizen.
Ober-/Unterhitze: etwa 200 °C
Heißluft: etwa 180 °C

{6} Für die 3. Schicht einen Pudding aus Pudding-Pulver, Zucker und Milch nach Packungsanleitung zubereiten. Pudding etwas abkühlen lassen. Eigelb und Butter mit einem Schneebesen unterrühren.

{7} Eiweiß mit Handrührgerät mit Rührbesen etwas schaumig schlagen. Eiweißschaum unter die warme Puddingmasse heben, auf die Frischkäsemasse geben und glatt streichen.

{8} Das Backblech in den vorgeheizten Backofen schieben. Den Schichtkuchen etwa 50 Minuten backen.

{9} Das Backblech auf einen Kuchenrost stellen. Den Schichtkuchen erkalten lassen. Backrahmen lösen und entfernen.

{10} Die Kuchenränder gerade schneiden. Den Schichtkuchen in etwa 4 x 4 cm große Stücke schneiden.

Stachelbeer-Streusel-Kuchen

etwa 30 Stück

Für den Belag:
2 Gläser Stachelbeeren
(Abtropfgewicht je 390 g)
600 ml Stachelbeersaft aus den Gläsern
1 Pck. Dr. Oetker Pudding-Pulver
Vanille-Geschmack
120 g Zucker
1 TL gemahlener Zimt

Für den Rührteig:
300 g weiche Butter oder Margarine
250 g Zucker
1 TL gemahlener Zimt
6 Eier (Größe L)
350 g Weizenmehl
3 gestr. TL Dr. Oetker Backin
100 g abgezogene, gemahlene Mandeln

Für den Streuselteig:
150 g Weizenmehl
150 g Zucker
100 g kalte Butter

Zubereitungszeit:
40 Minuten
Backzeit:
etwa 50 Minuten

Insgesamt:
E: 4 g, F: 14 g, Kh: 4 g,
kJ: 1234, kcal: 295, BE: 3,0

FRUCHTIG

{1} Für den Belag Stachelbeeren in einem Sieb abtropfen lassen. Den Saft auffangen und 600 ml abmessen. 50 ml von dem Saft mit Pudding-Pulver, Zucker und Zimt anrühren. Restlichen Saft in einem Topf zum Kochen bringen. Angerührtes Pudding-Pulver in den von Kochstelle genommenen Saft rühren und unter Rühren bei starker Hitze aufkochen lassen. Stachelbeeren unterrühren. Die Stachelbeermasse erkalten lassen.

{2} Den Backofen vorheizen.
Ober-/Unterhitze: etwa 180 °C
Heißluft: etwa 160 °C

{3} Für den Rührteig Butter oder Margarine in einer Rührschüssel mit Handrührgerät mit Rührbesen geschmeidig rühren. Nach und nach Zucker und Zimt unterrühren. So lange rühren, bis eine gebundene Masse entstanden ist.

{4} Eier nach und nach unterrühren (jedes Ei etwa ½ Minute). Mehl mit Backpulver und Mandeln mischen, in 2 Portionen auf mittlerer Stufe unterrühren. Den Teig auf ein Backblech (30 x 40 cm, gefettet, mit Backpapier belegt) geben und glatt streichen. Die Stachelbeermasse esslöffelweise auf dem Teig verteilen.

{5} Für den Streuselteig Mehl und Zucker in eine Rührschüssel geben. Butter in dünne Scheiben schneiden und hinzufügen. Die Zutaten mit Handrührgerät mit Rührbesen zu groben Streuseln verarbeiten. Die Teigstreusel auf die Stachelbeermasse streuen. Das Backblech in den vorgeheizten Backofen schieben. Den Kuchen etwa 50 Minuten backen.

{6} Das Backblech auf einen Kuchenrost stellen. Den Stachelbeer-Streusel-Kuchen erkalten lassen und in etwa 6 x 7 cm große Stücke schneiden.

Zitronen-Erdbeer-Kuchen

etwa 30 Stück

Für den Rührteig:
3 Bio-Zitronen (unbehandelt, ungewachst)
250 g weiche Butter oder Margarine
250 g Zucker
50 g Schlagsahne
5 Eier (Größe L)
300 g Weizenmehl
3 gestr. TL Dr. Oetker Backin
100 g abgezogene, gemahlene Mandeln

Zum Tränken:
Saft von 2 Zitronen

Für die Zitronencreme:
250 ml (¼ l) Zitronensaft (von etwa 6 Zitronen)
250 ml (¼ l) Wasser
1 Pck. Dr. Oetker Pudding-Pulver Vanille-Geschmack
160 g Zucker
100 g Butter

Für den Belag:
1 kg Erdbeeren
2 Pck. Tortenguss, klar
100 g Zucker
500 ml (½ l) schwarzer Johannisbeernektar

Zubereitungszeit:
70 Minuten
Backzeit:
etwa 35 Minuten

Pro Stück:
E: 3 g, F: 13 g, Kh: 31 g, kJ: 1098, kcal: 262, BE: 2,5

RAFFINIERT

{1} Den Backofen vorheizen.
Ober-/Unterhitze: etwa 180 °C
Heißluft: etwa 160 °C

{2} Für den Teig Zitronen heiß abwaschen, abtrocknen und jeweils die Schale abreiben. Zitronen halbieren und den Saft auspressen. Den Saft von 2 Zitronen zum Tränken, den restlichen Saft für die Creme beiseitestellen.

{3} Butter oder Margarine in einer Rührschüssel mit Handrührgerät mit Rührbesen geschmeidig rühren. Zitronenschale unterrühren. Nach und nach Zucker und Sahne unterrühren. So lange rühren, bis eine gebundene Masse entstanden ist.

{4} Eier nach und nach unterrühren (jedes Ei etwa ½ Minute). Mehl mit Backpulver und Mandeln mischen, in 2 Portionen auf mittlerer Stufe unterrühren.

{5} Den Teig in ein tiefes Backblech oder in eine Fettpfanne (30 x 40 cm, mit Backpapier belegt) geben und glatt streichen. Den Gebäckboden etwa 35 Minuten backen.

{6} Das Backblech oder die Fettpfanne auf einen Kuchenrost stellen. Den Gebäckboden erkalten lassen und mit dem beiseitegestellten Zitronensaft (von 2 Zitronen) beträufeln.

{7} Für die Creme Zitronensaft mit dem beiseitegestellten Zitronensaft (von 1 Zitrone) und Wasser auf 500 ml (½ l) auffüllen. Etwa 50 ml von der Zitronenflüssigkeit mit Pudding-Pulver und Zucker anrühren. Restliche Zitronenflüssigkeit in einem Topf zum Kochen bringen. Angerührtes Pudding-Pulver in die von der Kochstelle genommene Zitronenflüssigkeit rühren und unter Rühren aufkochen lassen. Den Topf von der Kochstelle nehmen. Die Butter unterrühren und zerlassen. Die heiße Puddingmasse auf den Gebäckboden geben und glatt streichen.

{8} Für den Belag Erdbeeren putzen, waschen, abtropfen lassen, entstielen und halbieren. Erdbeerhälften auf die Zitronencreme legen.

{9} Aus Tortengusspulver, Zucker und Johannisbeernektar einen Guss nach Packungsanleitung zubereiten. Den Guss auf den Erdbeerhälften verteilen. Den Kuchen etwa 3 Stunden kalt stellen.

{10} Von dem Zitronen-Erdbeer-Kuchen evtl. die Ränder abschneiden. Den Kuchen in etwa 6 x 6 cm große Stücke schneiden.

TIPP: Den Zitronen-Erdbeer-Kuchen mit steif geschlagener Schlagsahne servieren.

Frische Früchte
im Frühling

Versprochene Beeren füllen die Körbe nicht.
LETTISCHES SPRICHWORT

Aprikosen-Mandel-Kuchen

etwa 25 Stück

Für den Knetteig:
50 g Marzipan-Rohmasse
280 g Weizenmehl
200 g Butter oder Margarine
1 Prise Salz
1 Eigelb (Größe M)
120 g Zucker

1 EL Weizenmehl zum Ausrollen

Für den Belag:
1 kg reife Aprikosen (etwa 18 Stück)
150 g Marzipan-Rohmasse
5 Eier (Größe M)
500 g Schlagsahne
200 ml Milch
200 g Zucker
36 abgezogene, ganze Mandeln

2 EL Aprikosenkonfitüre

Zubereitungszeit:
40 Minuten
Backzeit:
etwa 45 Minuten

Pro Stück:
E: 5 g, F: 19 g, Kh: 30 g,
kJ: 1307, kcal: 312, BE: 2,5

RAFFINIERT

{1} Den Backofen vorheizen.
Ober-/Unterhitze: etwa 180 °C
Heißluft: etwa 160 °C

{2} Marzipan in Stücke schneiden und in eine Rührschüssel geben. Mehl, Butter oder Margarine, Salz, Eigelb und Zucker hinzufügen. Die Zutaten mit Handrührgerät mit Knethaken zunächst kurz auf niedrigster, dann auf höchster Stufe gut durcharbeiten.

{3} Den Teig in einem tiefen Backblech oder in einer Fettpfanne (30 x 40 cm, gefettet, mit Backpapier belegt) ausrollen. Dabei einen Rand andrücken.

{4} Für den Belag Aprikosen waschen, abtropfen lassen, halbieren und entsteinen.

{5} Marzipan in Stücke schneiden und in einen hohen Rührbecher geben. Eier, Sahne, Milch und Zucker hinzufügen. Die Zutaten mit einem Stabmixer pürieren.

{6} Die Hälfte des Marzipan-Sahne-Gusses auf dem Teig verteilen. Die Aprikosenhälften mit der Schnittfläche nach oben in den Guss legen. Jeweils eine Mandel in eine Aprikosenhälfte legen. Den restlichen Marzipan-Sahne-Guss auf den Aprikosen-Mandel-Kuchen geben. Das Backblech oder die Fettpfanne in den vorgeheizten Backofen schieben. Den Aprikosen-Mandel-Kuchen etwa 45 Minuten backen.

{7} Das Backblech oder die Fettpfanne auf einen Kuchenrost stellen. Konfitüre in einem kleinen Topf unter Rühren bei mittlerer Hitze aufkochen lassen. Den warmen Aprikosen-Mandel-Kuchen damit bestreichen und erkalten lassen.

{8} Den Aprikosen-Mandel-Kuchen in etwa 6 x 7 cm große Stücke schneiden.

TIPP: Statt der frischen Aprikosen können auch 2 Dosen abgetropfte Aprikosenhälften (Abtropfgewicht je 480 g) verwendet werden.

Erdbeer-Ricotta-Kuchen

etwa 25 Stück

Für den Streuselteig:
200 g kalte Butter oder Margarine
350 g Weizenmehl
100 g Zucker
1 Prise Salz
1 Eigelb (Größe M)

Für den Biskuitteig:
5 Eier (Größe L)
140 g Zucker
120 g Weizenmehl

Für die Füllung:
2 kg frische Erdbeeren
150 ml Amaretto (Mandellikör)
2 EL flüssiger Honig
1,35 kg Ricotta (ital. Frischkäse)
150 g Puderzucker

2 EL Puderzucker zum Bestäuben

Zubereitungszeit:
60 Minuten, ohne Kühlzeit
Backzeit:
etwa 50 Minuten

Pro Stück::
E: 9 g, F: 17 g, Kh: 37 g,
kJ: 1470, kcal: 352, BE: 3,0

MIT ALKOHOL

{1} Den Backofen vorheizen.
Ober-/Unterhitze: etwa 180 °C
Heißluft: etwa 160 °C

{2} Für den Streuselteig Butter oder Margarine in dünne Scheiben schneiden und in eine Rührschüssel geben. Mehl, Zucker, Salz und Eigelb hinzufügen. Die Zutaten mit Handrührgerät mit Rührbesen zunächst kurz auf niedrigster, dann auf höchster Stufe zu feinen Streusel verarbeiten. Die Teigstreusel in einem tiefen Backblech oder einer Fettpfanne 30 x 40 cm (gefettet) verteilen und mit der flachen Hand gut zu einem Boden andrücken. Das Backblech oder die Fettpfanne in den vorgeheizten Backofen schieben. Den Streuselboden in etwa 15 Minuten goldbraun backen.

{3} In der Zwischenzeit für den Biskuitteig Eier in einer Rührschüssel mit Handrührgerät mit Rührbesen auf höchster Stufe etwa 1 Minute schaumig schlagen. Zucker in 1 Minute unter Rühren einstreuen, dann noch 2 Minuten weiterschlagen. Mehl kurz auf niedrigster Stufe unterrühren.

{4} Das Backblech auf einen Kuchenrost stellen. Den Biskuitteig auf den heißen Streuselteig geben und glatt streichen. Das Backblech oder die Fettpfanne wieder in den vorgeheizten Backofen schieben. Den Gebäckboden in etwa 35 Minuten fertig backen.

{5} Das Backblech oder die Fettpfanne auf einen Kuchenrost stellen. Den Gebäckboden erkalten lassen.

{6} Für die Füllung Erdbeeren putzen, waschen, abtropfen lassen und entstielen. 500 g der Erdbeeren abnehmen und kalt stellen. Restliche Erdbeeren vierteln und in eine Schüssel geben. 2 Esslöffel des Amarettos mit Honig verrühren, zu den Erdbeerstücken geben und kurz marinieren.

{7} Ricotta in eine Rührschüssel geben, Puderzucker gut unterrühren. Die marinierten Erdbeerstücke unterheben.

{8} Evtl. einen Backrahmen um den Gebäckboden stellen. Den Biskuitboden mit dem restlichen Amaretto beträufeln. Die Erdbeer-Ricotta-Creme daraufgeben, glatt streichen und den Kuchen etwa 3 Stunden kalt stellen.

{9} Die kalt gestellten Erdbeeren halbieren und auf die Erdbeer-Ricotta-Creme legen. Evtl. Backrahmen lösen und entfernen. Die Kuchenränder evtl. glatt streichen. Den Erdbeer-Ricotta-Kuchen in etwa 6 x 7 cm große Stücke schneiden und vor dem Servieren mit Puderzucker bestäuben.

TIPP: Der Kuchen lässt sich gut transportieren, wenn der Gebäckboden auf Alufolie gebacken wird und man die überstehenden Ränder vor dem Servieren einrollt.

Holunderblütencreme-Erdbeerkuchen

etwa 25 Stück

Zum Vorbereiten:
15 große Holunderblütendolden (etwa 150 g)
500 ml (½ l) Milch
250 ml (¼ l) Apfelsaft oder schwarzer Johannisbeernektar

Für den Streuselteig:
500 g Weizenmehl
180 g Zucker
1 Prise Salz
3 Eigelb (Größe M)
300 g kalte Butter

Für den Belag:
1 kg Erdbeeren

Für die Holunderblütencreme:
7 Blatt weiße Gelatine
120 g Zucker
800 g Schlagsahne

Für den Guss:
250 ml (¼ l) Holunderblütenflüssigkeit
1 Pck. Tortenguss, klar
60 g Zucker

Zubereitungszeit:
50 Minuten, ohne Durchzieh- und Kühlzeit
Backzeit:
etwa 20 Minuten

Pro Stück:
E: 5 g, F: 22 g, Kh: 34 g,
kJ: 1490 , kcal: 356, BE: 3,0

ETWAS BESONDERES

{1} Zum Vorbereiten Holunderblüten vorsichtig abspülen und abtropfen lassen. 10 Dolden in ein hohes Gefäß (Rührbecher) legen und die Milch hinzugießen, sodass die Dolden mit der Milch bedeckt sind. 5 Dolden mit Fruchtsaft begießen. Die Gefäße mit den Blüten mindestens 6 Stunden kalt stellen.

{2} Den Backofen vorheizen.
Ober-/Unterhitze: etwa 180 °C
Heißluft: etwa 160 °C

{3} Für den Teig Mehl, Zucker, Salz und Eigelb in eine Rührschüssel geben. Die Butter in dünne Scheiben schneiden und hinzufügen. Die Zutaten mit Handrührgerät mit Rührbesen zunächst kurz auf niedrigster, dann auf höchster Stufe zu feinen Streuseln verarbeiten.

{4} Die Teigstreusel auf einem Backblech (30 x 40 cm, gefettet, mit Backpapier belegt) verteilen und mit der flachen Hand gut zu einem Boden andrücken. Das Backblech in den vorgeheizten Backofen schieben. Den Streuselboden in etwa 20 Minuten goldbraun backen.

{5} Das Backblech auf einen Kuchenrost stellen. Den Streuselboden erkalten lassen. Einen Backrahmen darumstellen.

{6} Für den Belag Erdbeeren putzen, waschen, gut abtropfen lassen und entstielen. 10 Erdbeeren beiseitelegen. Restliche Erdbeeren nebeneinander auf den Streuselboden setzen.

{7} Für die Creme Gelatine in kaltem Wasser nach Packungsanleitung einweichen. Die Holunderblütenmilch durch ein Sieb in eine Rührschüssel gießen. 100 ml Holunderblütenmilch abmessen und in einem kleinen Topf erhitzen. Den Topf von der Kochstelle nehmen. Eingeweichte Gelatine ausdrücken und in der heißen Holundermilch unter Rühren auflösen. Restliche kalte Holunderblütenmilch und Zucker unterrühren, kalt stellen.

{8} Sahne in 2 Portionen steif schlagen. Wenn die Holunderblütenmilch beginnt dicklich zu werden, ein Drittel der Sahne zügig mit dem Schneebesen unterrühren. Restliche Sahne vorsichtig mit einem Teigschaber unterheben. Die Holunderblütencreme auf den Erdbeeren verteilen und glatt streichen. Den Kuchen etwa 3 Stunden kalt stellen.

{9} Die beiseitegelegten Erdbeeren in dünne Scheiben schneiden und auf der Holunderblütencreme verteilen.

{10} Für den Guss Holunderblüten-Fruchtsaft durch ein Sieb gießen. Aus Tortengusspulver, Zucker und Saft einen Guss nach Packungsanleitung zubereiten. Den Guss auf den Erdbeerscheiben verteilen. Den Kuchen etwa 2 Stunden kalt stellen. Backrahmen lösen und entfernen.

{11} Die Kuchenränder evtl. gerade schneiden. Den Erdbeerkuchen in etwa 6 x 7 cm große Stücke schneiden.

TIPP: Nach Belieben 1–2 Holunderblütendolden vorsichtig abspülen, trocken tupfen und in kleine Sträuße zupfen. Den Kuchen damit garnieren.

Kokos-Johannisbeer-Kuchen

etwa 20 Stück

Für den Teig:
200 g Schlagsahne
200 g Zucker
1 Pck. Dr. Oetker Vanillin-Zucker
3 Eier (Größe M)
250 g Weizenmehl
1 Pck. Dr. Oetker Backin
1 Prise Salz

Für den Belag:
500 g Johannisbeeren
100 g Butter
100 g Zucker
1 Pck. Dr. Oetker Vanillin-Zucker
200 g Kokosraspel

Zubereitungszeit:
20 Minuten
Backzeit:
etwa 27 Minuten

Pro Stück:
E: 3 g, F: 15 g, Kh: 28 g,
kJ: 1083, kcal: 259, BE: 2,5

EINFACH

{1} Den Backofen vorheizen.
Ober-/Unterhitze: etwa 180 °C
Heißluft: etwa 160 °C

{2} Für den Teig Sahne, Zucker, Vanillin-Zucker und Eier in eine Rührschüssel geben und mit Handrührgerät mit Rührbesen gut verrühren. Mehl mit Backpulver und Salz mischen, hinzugeben und alles zu einem glatten Teig verrühren.

{3} Den Teig auf ein Backblech (30 x 40 cm, gefettet, mit Backpapier belegt) geben und glatt streichen. Das Backblech in den vorgeheizten Backofen schieben. Den Boden etwa 12 Minuten vorbacken.

{4} Für den Belag Johannisbeeren waschen, abtropfen lassen und entstielen. Butter in einen kleinen Topf zerlassen. Zucker und Vanillin-Zucker unterrühren. Den Topf von der Kochstelle nehmen. Kokosraspel unter die Buttermasse rühren.

{5} Das Backblech auf einen Kuchenrost stellen. Die Johannisbeeren auf dem vorgebackenen Boden verteilen. Die Kokosmasse gleichmäßig daraufgeben. Das Backblech wieder in den heißen Backofen schieben. Den Kuchen in etwa 15 Minuten fertig backen.

{6} Das Blechblech auf einen Kuchenrost stellen. Den Kokos-Johannisbeer-Kuchen erkalten lassen und in etwa 7 x 8 cm große Stücke schneiden.

Rhabarber-Brioche-Kuchen

etwa 24 Stück

Für den Briocheteig:
450 g Weizenmehl
1 Pck. Dr. Oetker Trockenbackhefe
120 g Zucker
150 ml lauwarme Milch
250 g Butter oder Margarine
1 TL gemahlene Muskatnuss
9 Eigelb (Größe M)

3-4 EL Weizenmehl zum Bestäuben

Für den Belag:
1,25 kg Rhabarber
4 EL schwarzes Johannisbeergelee

Für das Mandelbaiser:
9 Eiweiß (Größe M)
1 Prise Salz
280 g feiner Zucker
200 g abgezogene, gemahlene Mandeln
1 TL Speisestärke

2 EL Puderzucker

Zubereitungszeit:
60 Minuten, ohne Teiggehzeit
Backzeit:
etwa 60 Minuten

Pro Stück:
E: 7 g, F: 16 g, Kh: 38 g,
kJ: 1363, kcal: 326, BE: 3,0

ETWAS BESONDERES

{1} Für den Teig 150 g des Mehls mit der Trockenbackhefe und 2 Esslöffel des Zuckers in einer Rührschüssel mischen. Lauwarme Milch unterrühren. Den Teig zugedeckt an einem warmen Ort etwa 30 Minuten gehen lassen.

{2} Butter oder Margarine zerlassen und abkühlen lassen. Restliches Mehl, restlichen Zucker, Muskat, Eigelb und Butter oder Margarine zum gegangenen Teig geben und mit Handrührgerät mit Knethaken in etwa 5 Minuten zu einem glatten Teig verkneten. Den Teig zugedeckt weitere etwa 60 Minuten an einem warmen Ort gehen lassen.

{3} Den gegangenen Teig mit Mehl bestäuben, aus der Schüssel nehmen und in einem tiefen Backblech oder einer Fettpfanne (30 x 40 cm, gefettet, mit Backpapier belegt) mit angefeuchteten Händen zu einem Boden andrücken. Den Teig nochmals zugedeckt etwa 30 Minuten an einem warmen Ort gehen lassen.

{4} Den Backofen vorheizen.
Ober-/Unterhitze: etwa 180 °C
Heißluft: etwa 160 °C

{5} Für den Belag Rhabarber abziehen, waschen, abtropfen lassen, Stielenden und Blattansätze entfernen. Die Stangen in dünne Scheiben schneiden und in eine Rührschüssel geben. Johannisbeergelee untermischen. Die Rhabarberscheiben auf dem gegangenen Teig verteilen.

{6} Für das Baiser Eiweiß mit Salz und 50 g des Zuckers in eine Rührschüssel geben und mit Handrührgerät mit Rührbesen steif schlagen. Restlichen Zucker einstreuen und weitere etwa 4 Minuten schlagen. Mandeln mit der Speisestärke vermischen und unter den Eischnee heben.

{7} Die Baisermasse portionsweise in einen Spritzbeutel mit Lochtülle (Ø etwa 1 ½ cm) füllen und große Tupfen auf den Rhabarberbelag spritzen. Das Backblech oder die Fettpfanne in den vorgeheizten Backofen schieben. Den Kuchen etwa 60 Minuten backen.

{8} Das Backblech oder die Fettpfanne auf einen Kuchenrost stellen.
Den Kuchen erkalten lassen. Die Kuchenränder evtl. gerade schneiden.
Den Kuchen in etwa 6 x 7 cm große Stücke schneiden. Vor dem Servieren den Kuchen mit Puderzucker bestreuen.

TIPP: Wenn der Teig schnell aufgehen soll, kann man die Teigschüssel einfach in eine größere Schüssel mit warmem Wasser stellen.

Rhabarber-Quark-Kuchen

etwa 20 Stück

Für den Streuselteig:
400 g Weizenmehl
160 g Zucker
1 Eigelb (Größe L)
1 Prise Salz
250 g kalte Butter oder Margarine

Für den Belag:
1 kg Rhabarber
2 EL Zucker
1 Bio-Orange
(unbehandelt, ungewachst)
750 g Speisequark (40 % Fett i. Tr.)
5 Eigelb (Größe L)
1 EL Speisestärke
250 g Zucker
1 Pck. Dr. Oetker Bourbon-Vanille-Zucker
6 Eiweiß (Größe L)

2 EL Puderzucker zum Bestäuben

Zubereitungszeit:
60 Minuten
Backzeit:
etwa 60 Minuten

Pro Stück:
E: 9 g, F: 17 g, Kh: 40 g,
kJ: 1467, kcal: 351, BE: 3,5

BELIEBT

{1} Den Backofen vorheizen.
Ober-/Unterhitze: etwa 200 °C
Heißluft: etwa 180 °C

{2} Für den Teig Mehl, Zucker, Eigelb und Salz in eine Rührschüssel geben. Butter oder Margarine in dünne Scheiben schneiden und hinzufügen. Die Zutaten mit Handrührgerät mit Rührbesen zunächst kurz auf niedrigster, dann auf höchster Stufe zu feinen Streuseln verarbeiten.

{3} Die Teigstreusel in einem tiefen Backblech oder einer Fettpfanne (30 x 40 cm, gefettet, mit Backpapier belegt) verteilen und mit der flachen Hand gut zu einem Boden andrücken. Das Backblech oder die Fettpfanne in den vorgeheizten Backofen schieben. Den Streuselboden etwa 15 Minuten vorbacken.

{4} Das Backblech oder die Fettpfanne auf einen Kuchenrost stellen. Die Backtemperatur gleichzeitig um etwa 20 °C herunterschalten.

{5} Für den Belag Rhabarber abziehen, waschen, abtropfen lassen, Stielenden und Blattansätze entfernen. Die Stangen in etwa 2 cm große Stücke schneiden, in eine Rührschüssel geben und mit Zucker bestreuen. Orange heiß abwaschen, abtrocknen und die Schale dünn abreiben. Orangenschale ebenfalls zu den Rhabarberscheiben geben und untermischen.

{6} Quark mit Eigelb, Speisestärke, 150 g des Zuckers und Vanille-Zucker geschmeidig rühren.

{7} Eiweiß mit Handrührgerät mit Rührbesen auf höchster Stufe steif schlagen. Restlichen Zucker einstreuen und weitere etwa 2 Minuten schlagen. Eischnee unter die Quarkmasse heben.

{8} Die Rhabarberstücke auf dem vorgebackenen Streuselboden verteilen. Die Quarkmasse daraufgeben und glatt streichen. Das Backblech oder die Fettpfanne in den vorgeheizten Backofen schieben. Den Rhabarber-Quark-Kuchen etwa 45 Minuten backen. Den Kuchen nach etwa 35 Minuten Backzeit mit Backpapier belegen.

{9} Das Backblech oder die Fettpfanne auf einen Kuchenrost stellen. Den Rhabarber-Quark-Kuchen erkalten lassen und mit Puderzucker bestäuben. Die Kuchenränder evtl. gerade schneiden. Den Rhabarber-Quark-Kuchen in etwa 7 x 8 cm große Stücke schneiden.

TIPP: Falls nur ein flaches Backblech vorhanden ist, kann man das Backpapier an der flachen Seite etwas hochknicken oder einen Backrahmen um den Streuselboden stellen.

Sommerfreuden

Glück ist der Freunde Sommer.
ALTVÄTERLICHES SPRICHWORT

Crème-fraîche-Himbeer-Kuchen

etwa 20 Stück

Für den Biskuitteig:
5 Eigelb (Größe L)
3 Eier (Größe L)
160 g Zucker
120 g Weizenmehl
30 g Kakaopulver

Für den Belag:
500 g Crème fraîche
150 g Zucker
1 Vanilleschote
7 ganz frische Eiweiß
(Größe L, etwa 250 g)

750 g frische Himbeeren

Für den Guss:
2 Pck. Tortenguss, klar
100 g Zucker
500 ml (½ l) schwarzer
Johannisbeernektar

Zubereitungszeit:
50 Minuten, ohne Kühlzeit
Backzeit:
12–15 Minuten

Pro Stück:
E: 6 g, F: 11 g, Kh: 36 g,
kJ: 1112, kcal: 267, BE: 3,0

ETWAS BESONDERES

{1} Den Backofen vorheizen.
Ober-/Unterhitze: etwa 180 °C
Heißluft: etwa 160 °C

{2} Für den Teig Eigelb und Eier in einer Rührschüssel mit Handrührgerät mit Rührbesen auf höchster Stufe in etwa 1 Minute schaumig schlagen. Zucker in 1 Minute unter Rühren einstreuen, dann noch etwa 2 Minuten weiterschlagen. Mehl mit Kakao mischen und kurz auf niedrigster Stufe unterrühren.

{3} Den Teig in einem tiefen Backblech oder einer Fettpfanne (30 x 40 cm, gefettet, mit Backpapier belegt) glatt streichen. Das Backblech in den vorgeheizten Backofen schieben. Den Biskuitboden 12–15 Minuten backen.

{4} Das Backblech auf einen Kuchenrost stellen. Den Biskuitboden erkalten lassen. Einen Backrahmen darumstellen.

{5} Für den Belag Crème fraîche in eine Rührschüssel geben. 50 g des Zuckers hinzufügen und mit einem Schneebesen glatt rühren. Die Vanilleschote längs aufschneiden, das Mark mit einem Messerrücken herausschaben und unter die Crème-fraîche-Masse rühren.

{6} Eiweiß evtl. in 2 Portionen mit Handrührgerät mit Rührbesen sehr steif schlagen. Restlichen Zucker (100 g) hinzugeben und weitere etwa 3 Minuten schlagen. Eischnee portionsweise unter die Crème-fraîche-Masse heben, auf dem Biskuitboden verteilen und glatt streichen. Den Kuchen mindestens 6 Stunden in den Kühlschrank stellen.

{7} Himbeeren verlesen, evtl. kurz abspülen und gut trocken tupfen. Die Himbeeren auf der Crème-fraîche-Masse verteilen.

{8} Für den Guss aus Tortengusspulver, Zucker und Saft einen Guss nach Packungsanleitung zubereiten. Die Himbeeren mit dem Guss überziehen. Guss fest werden lassen.

{9} Backrahmen entfernen. Die Kuchenränder evtl. gerade schneiden. Den Crème-fraîche-Himbeer-Kuchen in etwa 7 x 8 cm große Stücke schneiden.

TIPP: Wichtig: Nur ganz frisches Eiweiß verwenden, das nicht älter als 5 Tage ist (Legedatum beachten!). Kuchen innerhalb von 24 Stunden verzehren. Wer kein frisches Eiweiß verwenden möchte, kann auch pasteurisiertes Eiweiß aus dem Tetra-Pak® benutzen.

Erdbeer-Vanillecreme-Kuchen

etwa 25 Stück

Für die Vanillecreme:
500 g Schlagsahne
700 ml Milch
1 Vanilleschote
150 g Zucker
2 Pck. Dr. Oetker Pudding-Pulver Vanille-Geschmack

Für den Knetteig:
500 g Weizenmehl
300 g Butter oder Margarine
150 g Zucker
1 Prise Salz
2 Eigelb (Größe L)

2–3 EL Weizenmehl zum Ausrollen

Für den Belag:
1 ½ kg Erdbeeren
2 Pck. Tortenguss, klar
120 g Zucker
500 ml (½ l) schwarzer Johannisbeernektar

Zubereitungszeit:
70 Minuten
Backzeit:
15–20 Minuten

Pro Stück:
E: 5 g, F: 18 g, Kh: 46 g,
kJ: 1547, kcal: 370, BE: 4,0

FÜR GÄSTE

{1} Für die Vanillecreme Sahne mit 500 ml (½ l) der Milch in einen Topf geben. Die Vanilleschote längs halbieren und das Mark mit einem Messerrücken herausschaben. Vanilleschote und -mark zu der Sahnemilch in den Topf geben, zum Kochen bringen. Den Topf von der Kochstelle nehmen. Die Vanille-Sahne-Milch etwa 30 Minuten ziehen lassen. Zucker unterrühren.

{2} Pudding-Pulver mit der restlichen Milch (200 ml) anrühren. Die Vanille-Sahne-Milch-Flüssigkeit wieder zum Kochen bringen. Angerührtes Pudding-Pulver in die von der Kochstelle genommene Flüssigkeit rühren und unter Rühren gut aufkochen lassen. Den Topf von der Kochstelle nehmen. Frischhaltefolie direkt auf die Vanillecreme legen. Creme erkalten lassen.

{3} Den Backofen vorheizen.
Ober-/Unterhitze: etwa 180 °C
Heißluft: etwa 160 °C

{4} Für den Teig Mehl in eine Rührschüssel geben. Butter oder Margarine, Zucker, Salz und Eigelb hinzufügen. Die Zutaten mit Handrührgerät mit Knethaken zunächst kurz auf niedrigster, dann auf höchster Stufe gut durcharbeiten.

{5} Den Teig auf einem Backblech (30 x 40 cm, gefettet, mit Backpapier belegt) ausrollen, dabei einen kleinen Rand andrücken. Das Backblech in den vorgeheizten Backofen schieben. Den Knetteigboden in 15–20 Minuten goldbraun backen.

{6} Das Backblech auf einen Kuchenrost stellen. Den Knetteigboden erkalten lassen.

{7} Von der Vanillecreme die Folie entfernen. Vanilleschote herausnehmen. Die Vanillecreme mit einem Schneebesen glatt rühren, auf den Knetteigboden geben und glatt streichen.

{8} Für den Belag Erdbeeren putzen, waschen, abtropfen lassen und entstielen. Erdbeeren auf die Vanillecreme setzen und etwas eindrücken.

{9} Aus Tortengusspulver, Zucker und Johannisbeernektar einen Guss nach Packungsanleitung zubereiten. Die Erdbeeren mit dem Guss überziehen. Guss fest werden lassen.

{10} Die Kuchenränder evtl. gerade schneiden. Den Erdbeer-Vanillecreme-Kuchen in etwa 6 x 7 cm große Stücke schneiden.

Käse-Heidelbeer-Kuchen

etwa 40 Stück

Für den Hefeteig:
1 Bio-Orange (unbehandelt, ungewachst)
150 g Butter oder Margarine
200 ml Milch
350 g Weizenmehl
1 Pck. Dr. Oetker Trockenbackhefe
100 g Zucker
1 Ei (Größe L)

etwas Weizenmehl

Für den Belag:
2 Gläser Heidelbeeren (Abtropfgewicht je 205 g) oder 750 g frische Heidelbeeren
6 Eigelb (Größe M)
750 g Magerquark
250 g Zucker
1 Pck. Dr. Oetker Pudding-Pulver Vanille-Geschmack
250 g Schlagsahne
6 Eiweiß (Größe M)

Für die Mandelmasse:
100 g Butter
150 g Zucker
200 g Schlagsahne
300 g gehobelte Mandeln

Zubereitungszeit:
50 Minuten, ohne Teiggehzeit
Backzeit:
etwa 50 Minuten

Pro Stück:
E: 7 g, F: 14 g, Kh: 23 g,
kJ: 1044, kcal: 250, BE: 2,0

ETWAS AUFWENDIGER – RAFFINIERT

{1} Für den Teig Orange heiß abwaschen, abtrocknen und die Schale dünn abreiben. Milch leicht erwärmen und Butter oder Margarine darin zerlassen. Mehl in eine Rührschüssel geben und mit der Trockenbackhefe sorgfältig vermischen. Die Milch-Fett-Nischung, Zucker, Ei und Orangenschale hinzufügen. Die Zutaten mit Handrührgerät mit Knethaken zunächst kurz auf niedrigster, dann auf höchster Stufe in etwa 5 Minuten zu einem glatten Teig verarbeiten. Die Teig mit Mehl bestäuben und zugedeckt etwa 1 Stunde an einem warmen Ort gehen lassen.

{2} Den Teig leicht mit Mehl bestäuben, aus der Schüssel nehmen und in einem tiefen Backblech oder einer Fettpfanne (30 x 40 cm, gefettet, mit Backpapier belegt) ausrollen.

{3} Den Backofen vorheizen.
Ober-/Unterhitze: etwa 180 °C
Heißluft: etwa 160 °C

{4} Für den Belag Heidelbeeren in einem Sieb abtropfen lassen. Frische Heidelbeeren verlesen, waschen und gut abtropfen lassen.

{5} Eigelb, Quark, Zucker und Pudding-Pulver in einer Rührschüssel zu einer glatten Masse verrühren.

{6} Sahne steif schlagen. Eiweiß ebenfalls steif schlagen. Sahne und Eischnee nacheinander unter die Quarkmasse heben. Die Quarkcreme auf dem Hefeteig verteilen und glatt streichen. Die Heidelbeeren darauf verteilen.

{7} Für die Mandelmasse Butter, Zucker, Sahne und Mandeln in einem Topf unter Rühren kräftig aufkochen lassen. Die Mandelmasse esslöffelweise auf den Heidelbeeren verteilen. Das Backblech oder die Fettpfanne in den vorgeheizten Backofen schieben. Den Käse-Heidelbeer-Kuchen etwa 50 Minuten backen.

{8} Das Backblech oder die Fettpfanne auf einen Kuchenrost stellen. Den Käse-Heidelbeer-Kuchen erkalten lassen. Die Kuchenränder mit einem elektrischen Messer glatt schneiden. Den Käse-Heidelbeer-Kuchen in etwa 5 x 6 cm große Stücke schneiden.

TIPP: Der Kuchen geht beim Backen sehr stark auf. Evtl. vorher einen Backrahmen um den Hefeteig stellen oder die Teigränder mit Backpapierstreifen sichern, sodass Flüssigkeit nicht vom Backblech in den Backofen tropfen kann.

Limetten-Mascarpone-Kuchen

etwa 48 Stück

Für den All-in-Teig:
1 Bio-Zitrone
(unbehandelt, ungewachst)
300 g Weizenmehl
2 gestr. TL Dr. Oetker Backin
300 g Zucker
150 g weiche Butter oder Margarine
100 ml Wasser
4 Eier (Größe M)

Für den Belag:
3 Bio-Limetten
(unbehandelt, ungewachst)
500 g Mascarpone
(ital. Frischkäse)
300 g Joghurt
100 g Puderzucker
500 g Erdbeeren

Zubereitungszeit:
30 Minuten
Backzeit:
etwa 25 Minuten

Pro Stück:
E: 2 g, F: 8 g, Kh: 14 g,
kJ: 578, kcal: 138, BE: 1,0

EINFACH – GUT VORZUBEREITEN

{1} Den Backofen vorheizen.
Ober-/Unterhitze: etwa 180 °C
Heißluft: etwa 160 °C

{2} Für den Teig Zitrone heiß abwaschen, abtrocknen und die Schale abreiben. Mehl mit Backpulver mischen und in eine Rührschüssel geben. Zucker, Butter oder Margarine, Wasser, Eier und die Zitronenschale hinzufügen. Die Zutaten mit Handrührgerät mit Rührbesen zunächst kurz auf niedrigster, dann auf höchster Stufe in etwa 2 Minuten zu einem glatten Teig verarbeiten.

{3} Den Teig auf ein Backblech (30 x 40 cm, gefettet, mit Backpapier belegt) geben und glatt streichen. Das Backblech in den vorgeheizten Backofen schieben. Den Gebäckboden etwa 25 Minuten backen.

{4} Das Backblech auf einen Kuchenrost stellen. Den Gebäckboden erkalten lassen.

{5} Für den Belag Limetten heiß abwaschen, abtrocknen und die Schale abreiben. Limetten halbieren und jeweils den Saft auspressen.

{6} Mascarpone in eine Rührschüssel geben. Limettenschale, -saft, Joghurt und Puderzucker hinzugeben. Die Zutaten mit einem Schneebesen zu einer glatten Creme verrühren und auf dem Gebäckboden verteilen, evtl. die Gebäckränder gerade schneiden.

{7} Erdbeeren waschen, gut abtropfen lassen und entstielen. Den Limetten-Mascarpone-Kuchen in etwa 5 x 5 cm große Stücke schneiden und vom Backpapier lösen. Auf jedes Kuchenstück eine Erdbeere setzen.

TIPPS: Der Kuchen hält im Kühlschrank etwa 2 Tage frisch. Den Gebäckboden können Sie schon 1–2 Tage vor der Zubereitung backen.
Wer es besonders sauer mag, kann noch den Saft von 2 weiteren Limetten auf den Gebäckboden träufeln.

Mirabellen-Orangen-Kuchen

etwa 30 Stück

Für den Streuselteig:
450 g Weizenmehl
70 g Puderzucker
70 g Zucker
1 Prise Salz
1 Eigelb (Größe M)
300 g kalte Butter oder Margarine

750 g Mirabellen

Für die Creme:
1 Pck. Dr. Oetker Pudding-Pulver (Vanille- oder Sahne-Geschmack)
150 g Zucker
300 ml frisch gepresster Orangensaft
300 g Schlagsahne

Für die Mandelstreusel:
50 g gestiftelte Mandeln
50 g Puderzucker

Zubereitungszeit:
45 Minuten
Backzeit:
etwa 52 Minuten

Pro Stück:
E: 2 g, F: 13 g, Kh: 28 g,
kJ: 992, kcal: 237, BE: 2,5

FRUCHTIG

{1} Den Backofen vorheizen.
Ober-/Unterhitze: etwa 180 °C
Heißluft: etwa 160 °C

{2} Für den Teig Mehl, Puderzucker, Zucker, Salz und Eigelb in eine Rührschüssel geben. Butter oder Margarine in dünne Scheiben schneiden und hinzufügen. Die Zutaten mit Handrührgerät mit Rührbesen zunächst kurz auf niedrigster, dann auf höchster Stufe zu feinen Streuseln verarbeiten.

{3} Zwei Drittel der Teigstreusel in einem tiefen Backblech oder einer Fettpfanne (30 x 40 cm, gefettet, mit Backpapier belegt) verteilen und mit der Handfläche fest zu einem Teig andrücken.

{4} Das Backblech oder die Fettpfanne in den vorgeheizten Backofen schieben. Den Streuselboden etwa 12 Minuten vorbacken.

{5} In der Zwischenzeit Mirabellen waschen, trocken tupfen, halbieren und entsteinen.

{6} Für die Creme Pudding-Pulver, Zucker, Orangensaft und Sahne in einem Topf gut verrühren und unter Rühren gut aufkochen lassen. Die Puddingcreme auf den vorgebackenen Streuselboden streichen. Die Mirabellenhälften darauf verteilen.

{7} Für die Mandelstreusel die restlichen Teigstreusel mit Mandeln und Puderzucker vermischen und auf die Mirabellenhälften streuen. Das Backblech oder die Fettpfanne wieder in den heißen Backofen schieben. Den Mirabellen-Orangen-Kuchen bei gleicher Backtemperatur in etwa 40 Minuten fertig backen.

{8} Das Backblech oder die Fettpfanne auf einen Kuchenrost stellen. Den Mirabellen-Orangen-Kuchen erkalten lassen und in etwa 5 x 8 cm große Stücke schneiden.

TIPP: Der Mirabellen-Orangen-Kuchen kann auch mit 2 Gläsern Mirabellenhälften (Abtropfgewicht je 360 g) zubereitet werden. Mirabellenhälften dann vorher abtropfen lassen.

Nektarinenkuchen

etwa 32 Stück

Für den Knetteig:
400 g Weizenmehl
5 EL kaltes Wasser
½ gestr. TL Salz
300 g kalte Butter

3 EL Weizenmehl zum Bestreuen

Für den Belag:
10 Nektarinen (etwa 1 kg)
150 g sehr weiche Butter
170 g brauner Zucker
5 Eier (Größe L)
200 g Zuckerrübensirup
1 Pck. Dr. Oetker Bourbon-Vanille-Zucker

Zubereitungszeit:
25 Minuten, ohne Kühlzeit
Backzeit:
etwa 55 Minuten

Pro Stück:
E: 3 g, F: 13 g, Kh: 23 g, kJ: 926, kcal: 221, BE: 2,0

RAFFINIERT

{1} Für den Teig Mehl, Wasser und Salz in eine Rührschüssel geben. Die Butter in dünne Scheiben schneiden und hinzufügen. Die Zutaten mit Handrührgerät mit Knethaken zunächst kurz auf niedrigster, dann auf höchster Stufe gut durcharbeiten. Den Teig in Frischhaltefolie gewickelt etwa 1 Stunde kalt stellen.

{2} Den Teig auf einer bemehlten Arbeitsfläche kurz verkneten und mit Mehl bestäuben.

{3} Den Teig auf einem Backblech (30 x 40 cm, gefettet, mit Backpapier belegt) ausrollen, dabei einen etwa 1 cm hohen Rand andrücken.

{4} Den Backofen vorheizen.
Ober-/Unterhitze: etwa 220 °C
Heißluft: etwa 200 °C

{5} Für den Belag Nektarinen waschen, abtrocknen, vierteln und die Kerne herauslösen.

{6} Butter und den braunen Zucker in einer Rührschüssel mit Handrührgerät mit Rührbesen in etwa 3 Minuten schaumig schlagen. Eier nach und nach unterrühren. Zuckerrübensirup und Vanille-Zucker unterschlagen.

{7} Die Sirupmasse auf dem Teig verteilen. Die Nektarinenviertel mit der Hautseite nach unten auf die Sirupmasse legen. Das Backblech in den vorgeheizten Backofen schieben. Den Nektarinenkuchen etwa 10 Minuten backen. Dann die Backtemperatur um 40 °C herunterschalten (Ober-/Unterhitze 180 °C/Heißluft 160 °C). Den Nektarinenkuchen weitere etwa 45 Minuten backen.

{8} Das Backblech auf einen Kuchenrost stellen. Den Nektarinenkuchen erkalten lassen und in etwa 5 x 7 cm große Stücke schneiden.

TIPPS: Der Nektarinenkuchen kann auch mit 2 Dosen Pfirsichhälften (Abtropfgewicht je 480 g) zubereitet werden.
Die Butter für den Belag muss sehr weich sein. Evtl. die Rührschüssel mit der Butter vor der Zubereitung in heißes Wasser tauchen.

Herbstgenüsse

Wer die Früchte vom Baum geschüttelt hat,
soll sie auch aufsammeln.

AFRIKANISCHES SPRICHWORT

Apfel-Makronen-Kuchen

etwa 40 Stück

Für den Streuselteig:
300 g Weizenmehl
120 g Zucker
1 Eigelb (Größe L)
1 Prise Salz
180 g kalte Butter oder Margarine

Für den Biskuitteig:
3 Eier (Größe L)
1 Prise Salz
80 g Zucker
90 g Weizenmehl

Für das Apfelkompott:
2 kg Äpfel
100 g Zucker
Saft 1 Zitrone
50 ml Wasser
80 g Rosinen

Für die Makronenmasse:
400 g Marzipan-Rohmasse
3 Eiweiß (Größe L)

Zum Glasieren:
2 EL Aprikosenkonfitüre
2 EL Zucker
2 EL Wasser

Zubereitungszeit:
90 Minuten, ohne Kühlzeit
Backzeit:
etwa 30 Minuten

Pro Stück:
E: 3 g, F: 8 g, Kh: 26 g,
kJ: 801, kcal: 192, BE: 2,0

DAUER LÄNGER – RAFFINIERT

{1} Den Backofen vorheizen.
Ober-/Unterhitze: etwa 200 °C
Heißluft: etwa 180 °C

{2} Für den Streuselteig Mehl, Zucker, Eigelb und Salz in eine Rührschüssel geben. Butter oder Margarine in dünne Scheiben schneiden und hinzufügen. Die Zutaten mit Handrührgerät mit Rührbesen zunächst kurz auf niedrigster, dann auf höchster Stufe zu feinen Streuseln verarbeiten.

{3} Die Teigstreusel auf einem Backblech (30 x 40 cm, gefettet, mit Backpapier belegt) verteilen und mit der Handfläche gut zu einem Boden andrücken. Das Backblech in den vorgeheizten Backofen schieben. Den Streuselboden etwa 15 Minuten backen.

{4} In der Zwischenzeit für den Biskuitteig Eier und Salz in einer Rührschüssel mit Handrührgerät mit Rührbesen auf höchster Stufe in 1 Minute schaumig schlagen. Zucker in 1 Minute unter Rühren einstreuen, dann noch 2 Minuten weiterschlagen. Mehl kurz auf niedrigster Stufe unterrühren.

{5} Das Backblech auf einen Kuchenrost stellen. Den Biskuitteig auf den heißen Streuselboden geben und glatt streichen. Das Backblech wieder in den heißen Backofen schieben und den Biskuitboden bei gleicher Backtemperatur etwa 10 Minuten backen.

{6} Das Backblech auf einen Kuchenrost stellen. Den Gebäckboden erkalten lassen.

{7} Für das Kompott Äpfel schälen, vierteln und entkernen. Apfelviertel in Stücke schneiden und in einen Topf geben. Zucker, Zitronensaft, Wasser und Rosinen hinzugeben, zum Kochen bringen. Apfelstücke zugedeckt etwa 20 Minuten bei mittlerer Hitze weich kochen.

{8} Das Apfelkompott auf den Gebäckboden geben und glatt streichen. Den Kuchen etwa 1 Stunde kalt stellen, sodass der Fruchtsaft in den Biskuitboden einziehen kann.

{9} Den Backofen vorheizen.
Ober-/Unterhitze: etwa 220 °C
Heißluft: etwa 200 °C

{10} Für die Makronenmasse Marzipan in Stücke schneiden, mit dem Eiweiß in einen hohen Rührbecher geben und mit einem Pürierstab zu einer glatten Masse pürieren. Die Makronenmasse in einen Spritzbeutel mit Lochtülle (Ø etwa 1 cm) geben, Streifen und Punkte auf den Kuchen spritzen. Anschließend das Backblech in den vorgeheizten Backofen (obere Schiene) schieben. Die Makronenmasse etwa 5 Minuten leicht bräunen. Das Backblech auf einen Kuchenrost stellen.

{11} Zum Glasieren Konfitüre mit Zucker und Wasser in einem Topf unter Rühren kräftig aufkochen. Den heißen Kuchen mit der Glasur bestreichen.

{12} Den Apfel-Makronen-Kuchen erkalten lassen. Die Kuchenränder evtl. gerade schneiden. Den Kuchen in etwa 5 x 6 cm große Stücke schneiden.

TIPP: Sie können auch Apfelkompott aus dem Glas verwenden. Dann Apfelkompott mit einem Esslöffel Weichweizengrieß in einem Topf verrühren, aufkochen lassen und auf dem Gebäckboden verteilen.

Apfel-Rum-Kuchen

etwa 20 Stück

Zum Vorbereiten:
80 g Rosinen
100 ml Jamaika-Rum
1 ½ kg Äpfel
Saft von 1 Zitrone

Für den Rührteig:
300 g weiche Butter oder Margarine
260 g brauner Zucker
1 Pck. Dr. Oetker Vanillin-Zucker
1 Prise Salz
7 Eier (Größe L)
400 g Weizenmehl
3 gestr. TL Dr. Oetker Backin

Zum Bestreuen:
50 g Zucker
1 TL gemahlener Zimt
100 g gehobelte Mandeln

225 g Aprikosenkonfitüre

Zubereitungszeit:
50 Minuten, ohne Durchziehzeit
Backzeit:
etwa 50 Minuten

Pro Stück:
E: 6 g, F: 18 g, Kh: 47 g,
kJ: 1621, kcal: 388, BE: 4,0

MIT ALKOHOL

{1} Den Backofen vorheizen.
Ober-/Unterhitze: etwa 180 °C
Heißluft: etwa 160 °C

{2} Zum Vorbereiten die Rosinen in ein Sieb geben, mit warmem Wasser abspülen, abtropfen lassen, in eine Schüssel geben und mit Rum beträufeln. Rosinen etwa 20 Minuten durchziehen lassen.

{3} Äpfel schälen, vierteln, entkernen und in Würfel schneiden. Apfelwürfel mit Zitronensaft beträufeln.

{4} Für den Teig Butter oder Margarine in einer Rührschüssel mit Handrührgerät mit Rührbesen geschmeidig rühren. Nach und nach Zucker, Vanillin-Zucker und Salz unterrühren. So lange rühren, bis eine gebundene Masse entstanden ist.

{5} Eier nach und nach unterrühren (jedes Ei etwa ½ Minute). Mehl und Backpulver mischen, in 2 Portionen auf mittlerer Stufe unterrühren.

{6} Den Teig in ein tiefes Backblech oder eine Fettpfanne (gefettet) geben und glatt streichen. Die Rumrosinen gleichmäßig daraufstreuen. Die Apfelwürfel darauf verteilen und etwas in den Teig drücken.

{7} Zum Bestreuen Zucker mit Zimt und Mandeln mischen und auf die Apfelwürfel streuen. Das Backblech oder die Fettpfanne in den vorgeheizten Backofen schieben. Den Apfel-Rum-Kuchen etwa 50 Minuten backen.

{8} Das Backblech auf einen Kuchenrost stellen. Die Konfitüre in einem Topf glatt rühren und unter Rühren kurz aufkochen lassen. Den heißen Apfel-Rum-Kuchen damit beträufeln, Kuchen erkalten lassen.

{9} Den Apfel-Rum-Kuchen in etwa 7 x 8 cm große Stücke schneiden.

Birnen-Schoko-Kuchen

etwa 32 Stück

Zum Vorbereiten:
100 g abgezogene, gemahlene Mandeln

Für den Streuselteig:
400 g Weizenmehl
100 g Zucker
1 Prise Salz
2 Eigelb (Größe L)
250 g kalte Butter oder Margarine

Für den Belag:
2 Dosen Birnenhälften
(Abtropfgewicht je 460 g)
300 g weiße Schokolade
500 g Schlagsahne
2 Eier (Größe L)
1 Eiweiß (Größe L)
70 g Zucker
1 Pck. Dr. Oetker Vanillin-Zucker

Zubereitungszeit:
45 Minuten
Backzeit:
etwa 75 Minuten

Pro Stück:
E: 4 g, F: 17 g, Kh: 27 g,
kJ: 1146, kcal: 274, BE: 2,0

SEHR FRUCHTIG

{1} Den Backofen vorheizen.
Ober-/Unterhitze: etwa 180 °C
Heißluft: etwa 160 °C

{2} Zum Vorbereiten Mandeln auf einem Backblech verteilen. Das Backblech in den vorgeheizten Backofen schieben. Die Mandeln etwa 8 Minuten rösten. Die Mandeln mit dem Backpapier vom Backblech auf einen Kuchenrost ziehen. Mandeln erkalten lassen.

{3} Für den Teig Mehl, Zucker, Salz und Eigelb in eine Rührschüssel geben. Butter oder Margarine in dünne Scheiben schneiden und hinzufügen. Die Zutaten mit Handrührgerät mit Rührbesen zunächst kurz auf niedrigster, dann auf höchster Stufe zu feinen Streuseln verarbeiten.

{4} Die Teigstreusel in einem tiefen Backblech oder einer Fettpfanne (30 x 40 cm, gefettet, mit Backpapier belegt) verteilen und mit der Handfläche fest zu einem Boden andrücken. Dabei einen etwa 2 cm hohen Rand formen.
Das Backblech oder die Fettpfanne in den vorgeheizten Backofen schieben. Den Streuselboden etwa 35 Minuten backen.

{5} Das Backblech oder die Fettpfanne auf einen Kuchenrost stellen. Den Streuselboden erkalten lassen.

{6} Für den Belag Birnenhälften in einem Sieb abtropfen lassen. Schokolade zuerst in Stücke brechen, dann grob hacken. Sahne in einem Topf bei schwacher Hitze erwärmen. Schokolade hinzugeben und unter Rühren schmelzen. Den Topf von der Kochstelle nehmen.

{7} Eier, Eiweiß, Zucker, Vanillin-Zucker und die gerösteten Mandeln in die Schokoladensahne geben und mit einem Schneebesen verschlagen. Die Schokoladenmasse auf dem Streuselboden verteilen. Die Birnenhälften mit der Schnittfläche nach unten in die Schokoladenmasse legen.

{8} Das Backblech oder die Fettpfanne in den heißen Backofen schieben. Den Birnen-Schoko-Kuchen bei gleicher Backtemperatur in etwa 40 Minuten fertig backen.

{9} Das Backblech oder die Fettpfanne auf einen Kuchenrost stellen. Den Birnen-Schoko-Kuchen erkalten lassen und in etwa 5 x 7 cm große Stücke schneiden.

TIPP: 1,2 kg frische Birnen schälen, vierteln und entkernen. Birnenviertel in 1 ½ Liter Zuckerwasser weich kochen und abgetropft auf den Kuchen (Schokoladenmasse) legen.

Mohnkuchen

etwa 25 Stück

Für den Knetteig:
600 g Weizenmehl
200 g Zucker
400 g weiche Butter oder Margarine
2 Eigelb (Größe M)
1 Prise Salz

Für die Mohnfüllung:
2 Pck. Dr. Oetker Pudding-Pulver Vanille-Geschmack
170 g Zucker
1 Pck. Dr. Oetker Vanillin-Zucker
800 ml Milch
200 g Schlagsahne
200 g gemahlener Mohn
50 g Rosinen
4 Eigelb (Größe M)
6 Eiweiß (Größe M)

Zum Bestreichen:
1 Eigelb
1 EL Milch
3 EL Aprikosenkonfitüre

Zubereitungszeit:
60 Minuten, ohne Kühlzeit
Backzeit:
etwa 65 Minuten

Pro Stück:
E: 7 g, F: 22 g, Kh: 41 g,
kJ: 1661, kcal: 397, BE: 3,5

DAUERT LÄNGER

{1} Für den Teig Mehl in eine Rührschüssel geben. Zucker, Butter oder Margarine, Eigelb und Salz hinzufügen. Die Zutaten mit Handrührgerät mit Knethaken zunächst kurz auf niedrigster, dann auf höchster Stufe gut durcharbeiten. Den Teig in Frischhaltefolie gewickelt etwa 3 Stunden kalt stellen.

{2} Den Backofen vorheizen.
Ober-/Unterhitze: etwa 180 °C
Heißluft: etwa 160 °C

{3} Den Teig halbieren. Eine Teighälfte auf einer mit Mehl bestäubten Arbeitsfläche geschmeidig kneten und in einem tiefen Backblech oder einer Fettpfanne (30 x 40 cm, gefettet, mit Backpapier belegt) zu einem Boden ausrollen. Die Teigränder glatt schneiden. Das Backblech oder die Fettpfanne in den vorgeheizten Backofen schieben. Den Knetteigboden etwa 15 Minuten backen. Zweite Teighälfte wieder kalt stellen.

{4} Für die Mohnfüllung aus Pudding-Pulver, 100 g des Zuckers, Vanillin-Zucker, Milch und Sahne einen Pudding nach Packungsanleitung zubereiten. Den gemahlenen Mohn unterrühren. Die Masse nochmals unter Rühren aufkochen lassen. Den Topf von der Kochstelle nehmen. Eigelb unterrühren. Rosinen hinzugeben.

{5} Eiweiß mit Handrührgerät mit Rührbesen steif schlagen. Restlichen Zucker kurz unterschlagen. Den Eischnee portionsweise unter die Pudding-Mohn-Masse heben. Die Mischung auf den vorgebackenen Knetteigboden geben und glatt streichen.

{6} Den restlichen, kalt gestellten Knetteig auf der bemehlten Arbeitsfläche geschmeidig kneten und in Backblechgröße (30 x 40 cm) etwa 1 cm dick ausrollen. Mit einem gezackten Teigrädchen etwa 1 ½ cm breite Streifen ausrädeln. Die Teigstreifen gitterartig auf die Pudding-Mohn-Masse legen.

{7} Zum Bestreichen Eigelb mit Milch verschlagen. Die Teigstreifen damit bestreichen. Das Backblech oder die Fettpfanne wieder in den heißen Backofen schieben. Den Mohnkuchen bei gleicher Backtemperatur in etwa 50 Minuten fertig backen.

{8} Das Backblech oder die Fettpfanne auf einen Kuchenrost stellen. Den Mohnkuchen erkalten lassen.

{9} Konfitüre in einem kleinen Topf unter Rühren kräftig aufkochen lassen. Den Mohnkuchen mit der Konfitüre bestreichen und erkalten lassen.

{10} Die Kuchenränder evtl. gerade schneiden. Den Mohnkuchen in etwa 6 x 8 cm große Stücke schneiden.

Schokomousse-Kirschschnitten

etwa 30 Stück

Für den Biskuitteig:
7 Eier (Größe M)
160 g Zucker
170 g Weizenmehl
30 g gesiebtes Kakaopulver

Für die Kirschfüllung:
2 Gläser Sauerkirschen (Schattenmorellen, Abtropfgewicht je 350 g)
500 ml (½ l) Kirschsaft aus den Gläsern
100 g Zucker
½ TL gemahlener Zimt
1 Pck. Dr. Oetker Pudding-Pulver Vanille-Geschmack

Für die Schokomousse:
400 g Zartbitter-Kuvertüre
800 g Schlagsahne
2 EL Raspelschokolade

Zubereitungszeit:
60 Minuten, ohne Kühlzeit
Backzeit:
12–15 Minuten

Pro Stück:
E: 4 g, F: 15 g, Kh: 29 g,
kJ: 1128, kcal: 270, BE: 2,5

ETWAS BESONDERES

{1} Den Backofen vorheizen.
Ober-/Unterhitze: etwa 180 °C
Heißluft: etwa 160 °C

{2} Für den Teig Eier in einer Rührschüssel mit Handrührgerät mit Rührbesen auf höchster Stufe in 1 Minute schaumig schlagen. Zucker in 1 Minute unter Rühren einstreuen, dann noch 2 Minuten weiterschlagen.

{3} Mehl mit Kakao mischen, auf die Eiercreme geben und kurz auf niedrigster Stufe unterrühren. Den Teig auf ein Backblech (30 x 40 cm, gefettet, mit Backpapier belegt) geben und glatt streichen. Das Backblech in den vorgeheizten Backofen schieben. Den Biskuitboden 12–15 Minuten backen.

{4} Das Backblech auf einen Kuchenrost stellen. Den Biskuitboden darauf erkalten lassen.

{5} Für die Füllung Kirschen in einem Sieb abtropfen lassen, den Saft dabei auffangen und 500 ml (½ l) abmessen.

{6} Zucker mit Zimt und Pudding-Pulver in einem Topf mischen, dann mit dem Saft gut verrühren und bei starker Hitze unter Rühren zum Kochen bringen. Kirschen unterrühren und nochmals unter Rühren kräftig aufkochen lassen. Die heiße Kirschmasse auf dem Biskuitboden gleichmäßig verteilen. Den Kuchen etwa 30 Minuten kalt stellen.

{7} Für die Schokomousse inzwischen Kuvertüre in Stücke hacken, in einem kleinen Topf im heißen Wasserbad unter Rühren schmelzen. Die Kuvertüre sollte in dem heißen Wasserbad auf etwa 50 °C erhitzt werden.

{8} Die Sahne portionsweise halb steif schlagen. Den Topf mit der heißen Kuvertüre aus dem Wasserbad nehmen. Kuvertüre mit einen Drittel der halb steif geschlagenen Sahne verrühren, bis sich die Sahne ganz mit der Schokolade verbunden hat. Dann die restliche halb steif geschlagene Sahne zügig unterheben. Die Schokomousse auf die Kirschen geben und mit einem Löffel wellenartig verstreichen.

{9} Den Kuchen mit Raspelschokolade garnieren und etwa 1 Stunde kalt stellen. Anschließend den Kuchen in Schnitten von etwa 5 x 8 cm schneiden.

TIPPS: Den Biskuitboden nach dem Backen mit Kirschwasser beträufeln.
Den Kuchen mit Schokoladenlocken (Foto) garnieren. Dafür etwa 100 g Zartbitter-Kuvertüre in kleine Stücke hacken, in einem kleinen Topf im heißen Wasserbad bei mittlerer Hitze schmelzen, auf eine Marmorplatte gießen, etwas verstreichen und fest werden lassen. Die Kuvertüre in den Kühlschrank stellen, kurz vor dem Schaben wieder herausnehmen. Einen Spachtel in einem möglichst kleinen Winkel zur Platte halten, durch mehrmaliges, leichtes, gleichmäßiges Schaben entstehen schöne, große Kuvertürelocken.

Pflaumen-Zimtrahm-Kuchen

etwa 20 Stück

Für den Knetteig:
300 g Weizenmehl
250 g Butter oder Margarine
150 g Zucker
1 Pck. Dr. Oetker Bourbon-Vanille-Zucker
1 Eigelb (Größe M)
1 Prise Salz

etwas Weizenmehl

Für den Belag:
1 ½ kg Pflaumen (Zwetschen)

Für den Zimtrahmguss:
300 g Schlagsahne
2 Eier
1 Eiweiß (Größe M)
150 g Zucker
2 TL gemahlener Zimt

1 EL Puderzucker

Zubereitungszeit:
60 Minuten
Backzeit:
etwa 75 Minuten

Pro Stück:
E: 3 g, F: 16 g, Kh: 35 g,
kJ: 1266, kcal: 303, BE: 3,0

RAFFINIERT

{1} Den Backofen vorheizen.
Ober-/Unterhitze: etwa 180 °C
Heißluft: etwa 160 °C

{2} Für den Teig Mehl in eine Rührschüssel geben. Butter oder Margarine, Zucker, Vanille-Zucker, Eigelb und Salz hinzufügen. Die Zutaten mit Handrührgerät mit Knethaken zunächst kurz auf niedrigster, dann auf höchster Stufe gut durcharbeiten.

{3} Den Teig mit Mehl bestäuben und in einem tiefen Backblech oder einer Fettpfanne (30 x 40 cm, gefettet, mit Backpapier belegt) ausrollen. Dabei einen etwa 2 cm hohen Rand andrücken. Den Boden mit einer Gabel einige Male einstechen. Das Backblech oder die Fettpfanne in den vorgeheizten Backofen schieben. Den Knetteigboden etwa 25 Minuten hellbraun vorbacken.

{4} In der Zwischenzeit für den Belag Pflaumen waschen, abtrocknen, halbieren und entsteinen.

{5} Das Backblech oder die Fettpfanne auf einen Kuchenrost stellen. Den Knetteigboden etwas abkühlen lassen.

{6} Für den Guss Sahne, Eier, Eiweiß, Zucker und Zimt in einer Rührschüssel mit Handrührgerät mit Rührbesen gut verrühren.

{7} Die Pflaumenhälften auf den vorgebackenen Knetteigboden legen. Den Guss darauf verteilen. Das Backblech oder die Fettpfanne wieder in den heißen Backofen schieben. Den Pflaumen-Zimtrahm-Kuchen bei gleicher Backtemperatur in etwa 50 Minuten fertig backen.

{8} Das Backblech oder die Fettpfanne auf einen Kuchenrost stellen. Den Pflaumen-Zimtrahm-Kuchen in etwa 7 x 8 cm große Stücke schneiden und mit Puderzucker bestäubt warm servieren. Oder den Pflaumen-Zimtrahm-Kuchen erkalten lassen.

Schoko-Vanille-Kuchen

etwa 50 Stück

Für die Schokoladencreme:
400 g Schlagsahne
350 g Zartbitter-Kuvertüre

Für den Schokoboden:
150 g Zartbitter-Kuvertüre
150 g weiche Butter oder Margarine
150 g Zucker
12 Eigelb (Größe L)
120 g Löffelbiskuits
250 g abgezogene, gemahlene Mandeln
12 Eiweiß (Größe L)

Für den Belag:
100 g Aprikosenkonfitüre
2 EL Wasser

Für die Vanillecreme:
1 Pck. Dr. Oetker Pudding-Pulver Vanille-Geschmack
80 g Zucker
1 Pck. Dr. Oetker Bourbon-Vanille-Zucker
250 ml (¼ l) Milch
250 g Schlagsahne
100 g Butter

Zubereitungszeit:
70 Minuten, ohne Kühlzeit
Backzeit:
etwa 35 Minuten

Pro Stück:
E: 4 g, F: 16 g, Kh: 15 g,
kJ: 923, kcal: 221, BE: 1,0

RAFFINIERT

{1} Für die Schokoladencreme Sahne in einem Topf auf etwa 50 °C erhitzen. Kuvertüre in Stücke hacken und in der heißen Sahne unter Rühren schmelzen. Den Topf von der Kochstelle nehmen. Die Schokoladensahne auf Zimmertemperatur abkühlen lassen.

{2} Den Backofen vorheizen.
Ober-/Unterhitze: etwa 180 °C
Heißluft: etwa 160 °C

{3} Für den Schokoboden Kuvertüre in Stücke hacken, in einem kleinen Topf im heißen Wasserbad bei schwacher Hitze unter Rühren schmelzen. Den Topf aus dem Wasserbad nehmen. Kuvertüre auf Zimmertemperatur abkühlen lassen. (Oder Kuvertüre in Stücke hacken, in eine Edelstahlschüssel geben und auf dem Rost in den vorgeheizten Backofen schieben. Kuvertüre etwa 3 Minuten schmelzen. Die Schüssel aus dem Backofen nehmen. Kuvertüre bei Zimmertemperatur schmelzen lassen.)

{4} Butter oder Margarine in einer großen Rührschüssel mit Handrührgerät mit Rührbesen schaumig schlagen. 100 g des Zuckers, Eigelb und die flüssige Kuvertüre unterschlagen. Löffelbiskuits im Blitzhacker fein zerkleinern oder in einen Gefrierbeutel geben. Den Beutel verschließen. Löffelbiskuits mit einer Teigrolle fein zerbröseln. Die Biskuitbrösel und Mandeln auf die Schokoladenmasse geben (noch nicht unterrühren).

{5} Eiweiß evtl. in 2 Portionen mit Handrührgerät mit Rührbesen steif schlagen. Zucker hinzugeben und weitere etwa 2 Minuten schlagen. Eischnee portionsweise auf die Biskuitbrösel-Mandel-Masse geben. Die Zutaten vorsichtig mit einem Teigschaber unter die Schokoladenmasse heben.

{6} Den Teig in einem tiefen Backblech oder einer Fettpfanne (30 x 40 cm, gefettet, mit Backpapier belegt) verteilen und glatt streichen. Das Backblech oder die Fettpfanne in den vorgeheizten Backofen schieben. Den Schokoboden etwa 35 Minuten backen.

{7} Das Backblech oder die Fettpfanne auf einen Kuchenrost stellen. Den Schokoboden erkalten lassen.

{8} Für den Belag Konfitüre mit Wasser in einem kleinen Topf zum Kochen bringen und etwa 2 Minuten unter Rühren bei starker Hitze kochen lassen. Die Konfitüre auf den Schokokuchen geben, glatt streichen und erkalten lassen.

{9} Für die Vanillecreme aus Pudding-Pulver, Zucker, Vanille-Zucker, Milch und Sahne einen Pudding nach Packungsanleitung zubereiten. Butter unter den heißen Pudding rühren. Die Vanillecreme auf den Schokokuchen geben, glatt streichen und etwa 1 Stunde kalt stellen.

{10} Die vorbereitete Schokoladencreme auf die Vanillecreme geben und gleichmäßig verteilen. Den Schoko-Vanille-Kuchen etwa 3 Stunden in den Kühlschrank stellen.

{11} Den Schoko-Vanille-Kuchen in etwa 4 x 6 cm große Stücke schneiden.

TIPP: Der Kuchen ist mehrere Tage haltbar und kann sehr gut vorbereitet werden.

Mokka, Nuss und Mandelkern

Wer den Kern essen will,
muss die Nuss knacken.
ALTVÄTERLICHES SPRICHWORT

Apfel-Mascarpone-Kuchen

etwa 25 Stück

Zum Vorbereiten:
1,2 kg Äpfel, z. B. Boskop oder Elstar
Saft von 1 Zitrone

Für den Rührteig:
150 g weiche Butter oder Margarine
275 g Zucker
1 Prise Salz
7 Eier (Größe M)
450 g Weizenmehl
3 gestr. TL Dr. Oetker Backin

Für den Mascarponebelag:
500 g Mascarpone (ital. Frischkäse)
7 Eigelb (Größe M)
150 g Zucker
1 Pck. Dr. Oetker Bourbon-Vanille-Zucker
7 Eiweiß (Größe M)
100 g gehobelte Mandeln

2 EL Puderzucker

Zubereitungszeit:
60 Minuten
Backzeit:
etwa 60 Minuten

Pro Stück:
E: 7 g, F: 19 g, Kh: 37 g,
kJ: 1481, kcal: 354, BE: 3,0

EINFACH

{1} Zum Vorbereiten Äpfel schälen, vierteln und entkernen. Apfelviertel nochmals durchschneiden (achteln) und mit Zitronensaft beträufeln.

{2} Für den Teig Butter oder Margarine in einer Rührschüssel mit Handrührgerät mit Rührbesen geschmeidig rühren. Nach und nach Zucker und Salz unterrühren. So lange rühren, bis eine gebundene Masse entstanden ist.

{3} Eier nach und nach unterrühren (jedes Ei etwa ½ Minute). Mehl und Backpulver mischen, in 2 Portionen auf mittlerer Stufe unterrühren. Den Teig in ein tiefes Backblech oder eine Fettpfanne (30 x 40 cm, gefettet, mit Backpapier belegt) geben und glatt streichen. Apfelstücke darauf verteilen und etwas eindrücken.

{4} Den Backofen vorheizen.
Ober-/Unterhitze: etwa 180 °C
Heißluft: etwa 160 °C

{5} Für den Belag Mascarpone, Eigelb, 100 g des Zuckers und Vanille-Zucker in einer Rührschüssel mit dem Schneebesen glatt rühren.

{6} Eiweiß evtl. in 2 Portionen mit Handrührgerät mit Rührbesen steif schlagen. Restlichen Zucker einstreuen und weitere etwa 2 Minuten schlagen. Eischnee portionsweise unter die Mascarponemasse heben, auf die Apfelstücke geben und glatt streichen. Kuchen mit Mandeln bestreuen. Das Backblech oder die Fettpfanne in den vorgeheizten Backofen schieben. Den Kuchen etwa 60 Minuten backen.

{7} Das Backblech oder die Fettpfanne auf einen Kuchenrost stellen. Den Kuchen erkalten lassen, in etwa 6 x 7 cm große Stücke schneiden und mit Puderzucker bestäuben.

Haselnuss-Mokka-Kuchen

etwa 70 Stück

Zum Vorbereiten:
400 g ganze Haselnusskerne

Für den Teig:
150 g weiche Butter
oder Margarine
450 g Zucker
8 Eigelb (Größe M)
80 g gesiebtes Kakaopulver
8 Eiweiß (Größe M)

Für die Mokkacreme:
2 Pck. Dr. Oetker Pudding-Pulver
Vanille-Geschmack
100 g Zucker
500 ml (½ l) Milch
500 g Schlagsahne
2 EL lösliches Mokka-
oder Espressopulver
250 g weiche Butter
60 g Puderzucker

1 EL Kakaopulver

Zubereitungszeit:
75 Minuten,
Backzeit:
etwa 35 Minuten

Pro Stück:
E: 2 g, F: 12 g, Kh: 11 g,
kJ: 666, kcal: 159, BE: 1,0

ETWAS BESONDERES

{1} Den Backofen vorheizen.
Ober-/Unterhitze: etwa 180 °C
Heißluft: etwa 160 °C

{2} Zum Vorbereiten Haselnusskerne auf einem Backblech verteilen. Das Backblech in den vorgeheizten Backofen schieben. Die Haselnusskerne etwa 15 Minuten rösten, bis sie stark duften.

{3} Das Backblech auf einen Kuchenrost stellen. Haselnusskerne etwas abkühlen lassen. Haselnusskerne portionsweise in ein Geschirrtuch legen und so aneinander reiben, dass sich die Häutchen lösen.

{4} Haselnusskerne im Blitzhacker fein zerkleinern.

{5} Für den Teig Butter oder Margarine und 200 g des Zuckers in einer Rührschüssel mit Handrührgerät mit Rührbesen schaumig schlagen. Eigelb nach und nach unterrühren. Zerkleinerte Haselnusskerne mit Kakao mischen und unter die Butter-Eigelb-Masse rühren. Eiweiß mit Handrührgerät mit Rührbesen steif schlagen, restlichen Zucker unterschlagen. Eischnee portionsweise unterheben.

{6} Den Teig auf einem Backblech (30 x 40 cm, mit Backpapier belegt) verteilen und glatt streichen. Das Backblech in den vorgeheizten Backofen schieben. Den Gebäckboden etwa 35 Minuten backen.

{7} Das Backblech auf einen Kuchenrost stellen. Den Gebäckboden erkalten lassen.

{8} Für die Mokkacreme aus Pudding-Pulver, Zucker, Milch und Sahne einen Pudding nach Packungsanleitung zubereiten. Den Topf von der Kochstelle nehmen. Mokka- oder Espressopulver in dem heißen Pudding unter Rühren auflösen. Frischhaltefolie direkt auf den Pudding legen. Pudding bei Zimmertemperatur erkalten lassen.

{9} Butter und Puderzucker in einer Rührschüssel mit Handrührgerät mit Rührbesen etwa 4 Minuten schaumig schlagen. Den erkalteten Pudding mit einem Schneebesen glatt rühren und nach und nach unter die Buttermasse rühren. Dabei darauf achten, dass Butter und Pudding Zimmertemperatur haben, da die Creme sonst gerinnt.

{10} Die Mokkacreme auf dem Gebäckboden verteilen und mithilfe eines Teelöffels Vertiefungen in die Oberfläche drücken. Den Haselnuss-Mokka-Kuchen etwa 2 Stunden kalt stellen.

{11} Die Kuchenränder evtl. gerade schneiden. Den Haselnuss-Mokka-Kuchen mit Kakao bestäuben und in etwa 4 x 4 cm große Stücke schneiden.

Ingwer-Möhren-Kuchen

etwa 50 Stück

Für den Teig:
80 g Butterkekse
300 g Möhren
80 g kandierter Ingwer
200 g abgezogene, gemahlene Mandeln
200 g gemahlene Haselnusskerne
70 g Weizenmehl
1 gestr. TL Dr. Oetker Backin
1 TL gemahlener Zimt
1 TL gemahlener Ingwer
1 Msp. gemahlene Nelken
1 Prise Salz
9 Eigelb (Größe M)
240 g feiner Zucker
1 Bio-Orange (unbehandelt, ungewachst)
9 Eiweiß (Größe M)

Für den Guss:
150 g weiche Butter
400 g Doppelrahm-Frischkäse
350 g gesiebter Puderzucker
1 Pck. Dr. Oetker Bourbon-Vanille-Zucker

Zubereitungszeit: 70 Minuten,
Backzeit: etwa 40 Minuten

Pro Stück:
E: 4 g, F: 11 g, Kh: 16 g,
kJ: 758, kcal: 181, BE: 1,5

SEHR SAFTIG – GUT VORZUBEREITEN

{1} Den Ofen vorheizen.
Ober-/Unterhitze: etwa 180 °C
Heißluft: etwa 160 °C

{2} Für den Teig Butterkekse in einen Gefrierbeutel geben, Beutel verschließen. Butterkekse mit einer Teigrolle fein zerbröseln. Möhren putzen, schälen, abspülen, abtropfen lassen und fein reiben. Ingwer fein hacken.

{3} Die Keksbrösel, Mandeln, Haselnusskerne, Mehl, Backpulver, Zimt, Ingwer, Nelken und Salz in einer Rührschüssel gut vermischen.

{4} Eigelb und 125 g des Zuckers in eine Edelstahlschüssel geben und im heißen Wasserbad mit Handrührgerät mit Rührbesen weiß schaumig schlagen. Die Schüssel aus dem Wasserbad nehmen. Geriebene Möhren und den kandierten Ingwer unterrühren. Orange heiß abwaschen, abtrocknen, die Schale abreiben und unterrühren.

{5} Eiweiß evtl. in 2 Portionen mit Handrührgerät mit Rührbesen steif schlagen. Restlichen Zucker einstreuen und weitere etwa 2 Minuten schlagen, bis ein elastischer Schaum entstanden ist. Ein Drittel des Eischnees zügig unter die Eigelb-Möhren-Masse heben. Die Keksbrösel-Mandel-Haselnuss-Mischung unterziehen. Restlichen Eischnee mit einem Teigschaber unterheben.

{6} Den Teig in ein tiefes Backblech oder eine Fettpfanne (30 x 40 cm, mit Backpapier belegt, Backpapier zusätzlich mit weicher Butter bestrichen und mit Mehl bestäubt) geben und glatt streichen. Das Backblech oder die Fettpfanne in den vorgeheizten Backofen schieben. Den Ingwer-Möhren-Kuchen etwa 40 Minuten backen.

{7} Das Backblech oder die Fettpfanne auf einen Kuchenrost stellen. Den Ingwer-Möhren-Kuchen erkalten lassen.

{8} Für den Guss Butter, Frischkäse, Puderzucker und Vanille-Zucker in einer Rührschüssel schaumig rühren, auf den Ingwer-Möhren-Kuchen geben, glatt streichen und mit einem Tortengarnierkamm verzieren. Den Ingwer-Möhren-Kuchen etwa 2 Stunden kalt stellen.

{9} Die Kuchenränder evtl. glatt streichen. Den Ingwer-Möhren-Kuchen in etwa 3 x 8 cm große Stücke schneiden.

TIPPS: Der Kuchen hält sich im Kühlschrank aufbewahrt frisch. Er kann zwei Tage vor dem Verzehr zubereitet werden.

Orangen-Mandel-Kuchen

etwa 60 Stück

Zum Vorbereiten:
3 große Bio-Orangen
(je etwa 360 g)
500 ml (½ l) Wasser
300 g abgezogene, gemahlene Mandeln

Für den Biskuitteig:
7 Eier (Größe M)
300 g Zucker
3 EL Weizenmehl
1 ½ gestr. TL Dr. Oetker Backin
1 Prise Salz

Für den Guss:
300 g Puderzucker
80 ml Zitronensaft
(von etwa 2 Zitronen)
100 g sehr weiche Butter

Zubereitungszeit:
45 Minuten, ohne Kühlzeit
Backzeit:
etwa 60 Minuten

Pro Stück:
E: 2 g, F: 5 g, Kh: 12 g,
kJ: 418, kcal: 100, BE: 1,0

FRUCHTIG

{1} Zum Vorbereiten Orangen heiß abwaschen, abtropfen lassen und in einen großen Topf legen. Wasser hinzugießen und zum Kochen bringen. Orangen zugedeckt etwa 45 Minuten kochen lassen.

{2} Mandeln in einer Pfanne ohne Fett goldbraun rösten, herausnehmen und auf einem Teller erkalten lassen.

{3} Orangen abgießen und erkalten lassen. Orangen in Stücke schneiden, dabei die Kerne entfernen. Orangenstücke in einem Blitzhacker oder mit einem Stabmixer fein pürieren.

{4} Den Backofen vorheizen.
Ober-/Unterhitze: etwa 160 °C
Heißluft: etwa 140 °C

{5} Für den Teig Eier in einer Rührschüssel mit Handrührgerät mit Rührbesen in 1 Minute schaumig schlagen. Zucker in 1 Minute unter Rühren einstreuen, dann noch weitere 2 Minuten weiterschlagen, bis ein elastischer Schaum entstanden ist.

{6} Mandeln mit Mehl, Backpulver und Salz mischen, mit dem Orangenpüree unter den Eierschaum heben. Den Teig in einem tiefen Backblech oder einer Fettpfanne (30 x 40 cm, gefettet, mit Backpapier belegt) verteilen und glatt streichen. Das Backblech oder die Fettpfanne in den vorgeheizten Backofen schieben. Den Orangen-Mandel-Kuchen in etwa 60 Minuten goldbraun backen.

{7} Das Backblech oder die Fettpfanne auf einen Kuchenrost stellen. Den Orangen-Mandel-Kuchen erkalten lassen.

{8} Für den Guss Puderzucker mit Zitronensaft und Butter glatt rühren. Den Guss auf den Orangen-Mandel-Kuchen geben und glatt streichen. Den Orangen-Mandel-Kuchen etwa 1 Stunde kalt stellen.

{9} Die Kuchenränder evtl. mit einem Elektromesser gerade schneiden. Den Orangen-Mandel-Kuchen in etwa 3 x 6 cm große Stücke schneiden.

Pekannusskuchen

etwa 50 Stück

Für den Rührteig:
300 g gesalzene Pekannusskerne
300 g Vollmilch-Schokolade
2 säuerliche Äpfel, z. B. Boskop
300 g weiche Butter oder Margarine
½ TL gemahlener Zimt
Salz
300 g Puderzucker
6 Eier (Größe L)
250 g Weizenmehl
2 gestr. TL Dr. Oetker Backin

Für den Guss:
200 g Vollmilch-Kuvertüre
1 EL Puderzucker

Zubereitungszeit:
50 Minuten,
Backzeit:
etwa 35 Minuten

Pro Stück:
E: 3 g, F: 13 g, Kh: 17 g,
kJ: 818, kcal: 196, BE: 1,5

RAFFINIERT

{1} Den Backofen vorheizen.
Ober-/Unterhitze: etwa 180 °C
Heißluft: etwa 160 °C

{2} Für den Teig die Pekannusskerne grob hacken. Schokolade zuerst in Stücke brechen, dann fein hacken. Äpfel schälen, halbieren, entkernen und grob raspeln.

{3} Butter oder Margarine, Zimt, Salz und Puderzucker in einer Rührschüssel mit Handrührgerät mit Rührbesen etwa 3 Minuten schaumig schlagen. Eier nach und nach unterrühren. Mehl mit Backpulver mischen und evtl. in 2 Portionen unterrühren.

{4} Die gehackten Pekannusskerne, die gehackte Schokolade und Apfelraspel unter den Teig heben.

{5} Den Teig auf ein Backblech (30 x 40 cm, gefettet, mit Backpapier belegt) geben und glatt streichen. Das Backblech in den vorgeheizten Backofen schieben. Den Pekannusskuchen etwa 35 Minuten backen.

{6} Das Backblech auf einen Kuchenrost stellen. Den Pekannusskuchen erkalten lassen.

{7} Für den Guss Kuvertüre in Stücke hacken, in einem kleinen Topf im heißen Wasserbad bei schwacher Hitze unter Rühren schmelzen. Kuchen mit der Kuvertüre überziehen. Kuvertüre fest werden lassen.

{8} Die Kuchenränder evtl. glatt schneiden. Den Kuchen in etwa 4 x 6 cm große Stücke schneiden und mit Puderzucker bestäuben.

Poundcake (Rosinen-Gewürzkuchen)

etwa 60 Stück

Zum Vorbereiten:
200 g Rosinen
200 g Korinthen

Für den Teig:
400 g weiche Butter oder Margarine
200 g Zucker
je 1 TL Zimt, Nelken, Kardamom, gemahlen
7 Eier (Größe L)
400 g Weizenmehl
1 gestr. TL Dr. Oetker Backin

300 g Aprikosenkonfitüre

Zubereitungszeit:
40 Minuten, ohne Einweichzeit
Backzeit:
etwa 40 Minuten

Pro Stück:
E: 2 g, F: 11 g, Kh: 14 g, kJ: 682, kcal: 163, BE: 1,0

KLASSISCH

{1} Den Backofen vorheizen.
Ober-/Unterhitze: etwa 180 °C
Heißluft: etwa 160 °C

{2} Zum Vorbereiten Rosinen und Korinthen etwa 20 Minuten in warmem Wasser einweichen. Rosinen und Korinthen in einem Sieb abtropfen lassen.

{3} Für den Teig Butter oder Margarine mit 100 g des Zuckers und den Gewürzen in eine Rührschüssel geben und mit Handrührgerät mit Rührbesen zunächst kurz auf niedrigster, dann auf höchster Stufe 3–4 Minuten schaumig schlagen. Die Buttermasse in eine große, breite Rührschüssel füllen.

{4} Die Rührschüssel und die Rührbesen gründlich reinigen.

{5} Die Eier und den restlichen Zucker in die gesäuberte Rührschüssel geben und mit Handrührgerät mit Rührbesen etwa 4 Minuten schaumig schlagen. Mehl und Backpulver mischen.

{6} Rosinen, Korinthen und das Mehlgemisch auf die Buttermasse geben. Die Hälfte des Eierschaums hinzugeben. Die Zutaten mit einem Teigschaber zu einer glatten Masse vermischen. Restlichen Eierschaum unterheben. Den Teig auf ein Backblech (30 x 40 cm, gefettet, mit Backpapier belegt) geben und glatt streichen. Das Backblech in den vorgeheizten Backofen schieben. Den Gewürzkuchen in etwa 40 Minuten goldbraun backen.

{7} Das Backblech auf einen Kuchenrost stellen. Konfitüre in einem kleinen Topf unter Rühren bei starker Hitze aufkochen lassen. Den warmen Gewürzkuchen damit bestreichen und erkalten lassen.

{8} Den Gewürzkuchen in etwa 3 x 6 cm große Stücke schneiden.

TIPP: Dieser Kuchen kann in Frischhaltefolie gewickelt 1–2 Wochen im Gemüsefach des Kühlschrankes aufbewahrt werden.

Schokoladenkuchen

etwa 70 Stück

Für den Teig:
400 g Zartbitter-Kuvertüre
200 g Butter oder Margarine
300 g Zucker
1 Prise Salz
8 Eigelb (Größe L)
Mark von 1 Vanilleschote
80 g Weizenmehl
40 g gesiebte Speisestärke
300 g abgezogene, gemahlene Mandeln
2 gestr. TL Dr. Oetker Backin
8 Eiweiß (Größe L)

Zum Glasieren:
200 g Aprikosenkonfitüre
1 EL Zucker
2 EL Wasser

1 EL Kakaopulver

Zubereitungszeit:
55 Minuten, ohne Abkühlzeit
Backzeit:
etwa 30 Minuten

Pro Stück:
E: 2 g, F: 8 g, Kh: 9 g,
kJ: 500, kcal: 120, BE: 1,0

SEHR SAFTIG

{1} Den Backofen vorheizen.
Ober-/Unterhitze: etwa 180 °C
Heißluft: etwa 160 °C

{2} Für den Teig Kuvertüre in Stücke hacken, in einem kleinen Topf im heißen Wasserbad bei schwacher Hitze unter Rühren schmelzen. Den Topf aus dem Wasserbad nehmen. Die Kuvertüre auf Zimmertemperatur abkühlen lassen.

{3} Butter oder Margarine, 200 g des Zuckers und Salz in einer großen Rührschüssel mit Handrührgerät mit Rührbesen hell cremig schlagen. Eigelb, Kuvertüre und Vanillemark unterrühren.

{4} Mehl mit Speisestärke, Mandeln und Backpulver mischen und auf die Eigelb-Kuvertüre-Masse geben. Eiweiß mit Handrührgerät mit Rührbesen steif schlagen, restlichen Zucker unterschlagen. Den Eischnee portionsweise mit dem Teigschaber unter die Teigzutaten heben.

{5} Den Teig in ein tiefes Backblech oder eine Fettpfanne (30 x 40 cm, gefettet, mit Backpapier belegt) geben und glatt streichen. Das Backblech oder die Fettpfanne in den vorgeheizten Backofen schieben. Den Schokoladenkuchen etwa 30 Minuten backen.

{6} Das Backblech oder die Fettpfanne auf einen Kuchenrost stellen. Den Schokoladenkuchen erkalten lassen.

{7} Zum Glasieren Konfitüre, Zucker und Wasser in einem kleinen Topf bei starker Hitze unter Rühren aufkochen lassen. Den Schokoladenkuchen mithilfe eines Backpinsels mit der Konfitüre bestreichen, erkalten lassen.

{8} Die Kuchenränder evtl. gerade schneiden. Den Schokoladenkuchen in etwa 4 x 4 cm große Stücke schneiden und mit Kakao bestäuben.

Schnelles Kuchenvergnügen

Was Frauen wirklich wollen, liegt zwischen Konversation und Schokolade.
MEL GIBSON

Mandel-Rahmkuchen

etwa 60 Stück

Für den Knetteig:
480 g Weizenmehl
180 g Zucker
1 Pck. Dr. Oetker Vanillin-Zucker
1 Prise Salz
3 Eigelb (Größe M)
350 g Butter oder Margarine

3 EL Weizenmehl zum Ausrollen

Für den Belag:
400 g Schlagsahne
300 g Zucker
100 g Butter
1 TL gemahlener Zimt
400 g gestiftelte Mandeln

Zubereitungszeit:
40 Minuten
Backzeit:
etwa 40 Minuten

Pro Stück:
E: 2 g, F: 12 g, Kh: 15 g,
kJ: 755, kcal: 180, BE: 1,0

EINFACH

{1} Den Backofen vorheizen.
Ober-/Unterhitze: etwa 180 °C
Heißluft: etwa 160 °C

{2} Für den Teig Mehl in eine Rührschüssel geben. Zucker, Vanillin-Zucker, Salz, Eigelb und Butter oder Margarine hinzufügen. Die Zutaten mit Handrührgerät mit Knethaken zunächst kurz auf niedrigster, dann auf höchster Stufe gut durcharbeiten.

{3} Den Teig zwischen 2 Lagen Backpapier zu einem Rechteck (ca. 32 x 42 cm) ausrollen. Das Teigrechteck mit dem Backpapier auf ein tiefes Backblech (30 x 40 cm) oder eine Fettpfanne ziehen. Obere Lage Backpapier vorsichtig abziehen. Dabei den Rand an das Backblech drücken.

{4} Für den Belag Sahne in einen Topf geben. Zucker, Butter, Zimt und Mandeln hinzufügen. Die Zutaten unter Rühren zum Kochen bringen und 2–3 Minuten kochen lassen. Die Mandel-Sahne-Masse auf dem Teig verteilen. Das Backblech in den vorgeheizten Backofen schieben. Den Kuchen etwa 40 Minuten backen.

{5} Das Backblech auf einen Kuchenrost stellen. Den Kuchen erkalten lassen und in 4 x 5 cm große Stücke schneiden.

TIPPS: Der Kuchen lässt sich sehr gut 2–3 Tage vor einer Feier zubereiten. Er ist nicht tiefkühlgeeignet.

Prinzen-Nougat-Schnitten

etwa 70 Stück

Für den Knetteig:
500 g Weizenmehl
2 gestr. TL Dr. Oetker Backin
140 g Zucker
2 TL gemahlener Zimt
½ TL frisch geriebene Muskatnuss
1 Prise Salz
2 Eier (Größe M)
360 g Butter oder Margarine

2 EL Weizenmehl zum Ausrollen

Für Füllung und Garnierung:
400 g Nuss-Nougat

1 TL Kakaopulver

Zubereitungszeit:
40 Minuten
Backzeit:
etwa 35 Minuten

Pro Stück:
E: 1 g, F: 6 g, Kh: 10 g,
kJ: 437, kcal: 105, BE: 1,0

FÜR KINDER

{1} Den Backofen vorheizen.
Ober-/Unterhitze: etwa 180 °C
Heißluft: etwa 160 °C

{2} Für den Teig Mehl mit Backpulver mischen und in eine Rührschüssel geben. Zucker, Zimt, Muskat, Salz, Eier und Butter oder Margarine hinzufügen. Die Zutaten mit Handrührgerät mit Knethaken zunächst kurz auf niedrigster, dann auf höchster Stufe gut durcharbeiten.

{3} Den Teig auf einem Backblech (30 x 40 cm, gefettet, mit Backpapier belegt) ausrollen. Das Backblech in den vorgeheizten Backofen schieben. Die Gebäckplatte etwa 35 Minuten goldbraun backen.

{4} Das Backblech auf einen Kuchenrost stellen. Die Gebäckplatte senkrecht halbieren und erkalten lassen.

{5} Für Füllung und Garnierung Nuss-Nougat in Stücke schneiden, in einer Edelstahlschüssel im heißen Wasserbad bei schwacher Hitze unter Rühren schmelzen.

{6} Drei Viertel der Nougatmasse auf eine Gebäckhälfte geben und glatt streichen. Die zweite Gebäckhälfte darauflegen und andrücken.

{7} Restliche Nougatmasse auf die Gebäckoberfläche träufeln und grob verstreichen. Das Gebäck etwa 1 Stunde kalt stellen.

{8} Das Gebäck dünn mit Kakao bestäuben und mit einem angewärmten Messer in etwa 4 cm große Würfel schneiden.

TIPPS: Die Prinzen-Nougat-Schnitten halten sich in luftdicht verschlossenen Dosen etwa 2 Wochen.
Die Prinzen-Nougat-Schnitten können nicht eingefroren werden.

Quarg-Sahne-Mandarinen-Schnitten

etwa 24 Stück

Für den Biskuitteig (2x zubereiten – doppelte Zutaten für den Teig):
4 Eier (Größe L)
80 g Zucker
1 Prise Salz
90 g Weizenmehl

2 EL Zucker zum Bestreuen

Für die Füllung:
1 große Dose Mandarinen (Abtropfgewicht 480 g)
500 g Magerquark
160 g Zucker
1 Pck. Dr. Oetker Bourbon-Vanille-Zucker
1 Bio-Orange (unbehandelt, ungewachst)
500 g Schlagsahne

Zum Garnieren:
100 g Zucker

Zubereitungszeit:
45 Minuten
Backzeit:
etwa 12 Minuten je Backblech

Pro Stück:
E: 7 g, F: 9 g, Kh: 30 g,
kJ: 959, kcal: 229, BE: 2,5

ERFRISCHEND

{1} Den Backofen vorheizen.
Ober-/Unterhitze: etwa 180 °C
Heißluft: etwa 160 °C

{2} Für den Teig Eier in einer Rührschüssel mit Handrührgerät mit Rührbesen auf höchster Stufe in 1 Minute schaumig schlagen. Zucker und Salz mischen, in 1 Minute einstreuen, dann noch 2 Minuten weiterschlagen. Mehl kurz auf niedrigster Stufe unterrühren.

{3} Teig auf ein Backblech (30 x 40 cm, gefettet, mit Backpapier belegt) geben und glatt streichen. Das Backblech in den vorgeheizten Backofen schieben. Die Biskuitplatte etwa 12 Minuten goldbraun backen.

{4} Zweiten Teig ebenso zubereiten und backen. Die Biskuitplatten jeweils auf ein mit Zucker bestreutes Backpapier stürzen und erkalten lassen. Mitgebackenes Backpapier vorsichtig abziehen. Eine Biskuitplatte auf eine Servierplatte legen.

{5} Für die Füllung Mandarinen in einem Sieb abtropfen lassen. Quark in eine große Rührschüssel geben. Zucker mit Vanille-Zucker mischen und unterrühren. Orange heiß abwaschen, abtrocknen und die Schale abreiben. Orange halbieren und den Saft auspressen. Orangenschale unter den Quark rühren.

{6} Sahne steif schlagen und unter die Quarkmasse ziehen. Die Mandarinen unterheben. Die Quark-Sahne-Creme auf der Biskuitplatte (Servierplatte) verteilen und glatt streichen. Die zweite Biskuitplatte darauflegen und mit Orangensaft beträufeln. Den Quark-Sahne-Mandarinen-Kuchen mindestens 3 Stunden kalt stellen.

{7} Zum Garnieren den Zucker kurz vor dem Servieren in einen Topf geben und bei mittlerer Hitze karamellisieren. Die obere Biskuitplatte mit dem Karamell dünn beträufeln. Den Quark-Sahne-Mandarinen-Kuchen mit einem Elektromesser in 5 x 10 cm große Stücke schneiden.

TIPPS: Den Karamell erst kurz vor dem Servieren zubereiten. Er lässt sich schlecht vorbereiten, da er sich nach kurzer Zeit auflöst. Anstelle des Karamells können die Schnitten auch mit Puderzucker bestäubt werden.
Die Schnitten eignen sich ohne Garnierung sehr gut zum Einfrieren.

Vanille-Haselnuss-Schnecke

etwa 20 Stück

Für den Hefeteig:
200 ml Milch
200 g Butter oder Margarine
600 g Weizenmehl
2 Pck. Dr. Oetker Trockenbackhefe
140 g Zucker
2 Eier (Größe M)

Für die Füllung:
2 Pck. Dr. Oetker Pudding-Pulver Vanille-Geschmack
170 g Zucker
500 ml (½ l) Milch
500 g Schlagsahne
300 g Sultaninen

etwas Weizenmehl

Für den Belag:
120 g Butter
100 g Zucker
100 g gehackte Haselnusskerne
50 g Cashewkerne
50 g Pinienkerne

1 EL Puderzucker zum Bestreuen

Zubereitungszeit:
50 Minuten, ohne Teiggehzeit
Backzeit:
etwa 50 Minuten

Pro Stück:
E: 7 g, F: 24 q, Kh: 51 g,
kJ: 1882, kcal: 450, BE: 4,U

RAFFINIERT

{1} Für den Teig Milch in einem kleinen Topf erwärmen. Butter oder Margarine darin zerlassen.

{2} Mehl in eine Rührschüssel geben und mit der Trockenbackhefe sorgfältig vermischen. Restliche Zutaten und die Milch-Fett-Mischung hinzufügen und mit Handrührgerät mit Knethaken zunächst kurz auf niedrigster, dann auf höchster Stufe in etwa 5 Minuten zu einem glatten Teig verarbeiten. Den Teig mit Mehl bestäuben und zugedeckt an einem warmen Ort etwa 30 Minuten gehen lassen.

{3} Für die Füllung inzwischen aus Pudding-Pulver, Zucker, Milch und Sahne, nach Packungsanleitung (aber mit den hier angegebenen Zutaten) einen Pudding zubereiten. Den Pudding mit Frischhaltefolie belegen und erkalten lassen.

{4} Ein Stück Backpapier auf die Arbeitsfläche legen und mit Mehl bestäuben. Den Teig ebenfalls mit Mehl bestäuben und zu einer Rolle verkneten. Rolle auf das Backpapier legen, zu einem Rechteck flach drücken und mit Mehl bestäuben. Den Teig über das Backpapier hinaus zu einem Rechteck von etwa 80 x 35 cm ausrollen, dabei die Arbeitsfläche etwas mehlen. Den Vanillepudding darauf verstreichen, dabei einen etwa 5 cm breiten Rand frei lassen. Den Vanillepudding mit Sultaninen bestreuen. Den Teig von der langen Seite aus aufrollen. Die Teigrolle auf dem Backpapier zu einer Schnecke zusammenlegen.

{5} Das Backpapier mit der Teigschnecke auf das Backblech ziehen. Den Teig nochmals zugedeckt an einem warmen Ort etwa 30 Minuten gehen lassen.

{6} In der Zwischenzeit den Backofen vorheizen.
Ober-/Unterhitze: etwa 180 °C
Heißluft: etwa 160 °C

{7} Für den Belag Butter in einem Topf zerlassen und bräunen, Zucker unterrühren. Die Haselnusskerne mit den Cashewkernen und Pinienkernen unter die Butter mischen. Die Nussmischung auf der Teigschnecke verteilen.
Das Backblech in den vorgeheizten Backofen schieben. Die Schnecke etwa 50 Minuten backen.

{8} Das Backblech auf einen Kuchenrost stellen. Die Schnecke erkalten lassen und mit Puderzucker bestäuben. Den Kuchen in 24 Stücke schneiden.

TIPP: Sie können die Schnecke in einem größeren Stück einfrieren.
Die Schnecke dann vor dem Servieren bei Ober-/Unterhitze etwa 180 °C, Heißluft etwa 160 °C etwa 15 Minuten aufbacken.

Weiße Brownies mit Amarettini und Sauerkirschen

etwa 48 Stück

Zum Vorbereiten:
250 g Butter
50 g Schlagsahne
300 g weiße Kuvertüre
1 Glas Sauerkirschen (Schattenmorellen, Abtropfgewicht 350 g)
100 g Amarettini (ital. Mandelmakronen)

Für den Biskuitteig:
8 Eier (Größe M)
200 g Zucker
1 Pck. Dr. Oetker Bourbon-Vanille-Zucker
200 g Weizenmehl

Für den Guss:
1 Pck. Tortenguss, klar
2 EL Zucker
1 TL gemahlener Zimt
250 ml (¼ l) Sauerkirschsaft aus dem Glas

{1} Den Backofen vorheizen.
Ober-/Unterhitze: etwa 180 °C
Heißluft: etwa 160 °C

{2} Zum Vorbereiten Butter, Sahne und in Stücke geschnittene weiße Kuvertüre in einem Topf bei schwacher Hitze unter Rühren schmelzen, etwas abkühlen lassen.

{3} Sauerkirschen in einem Sieb abtropfen lassen, den Saft auffangen und 250 ml (¼ l) abmessen. Saft beiseitestellen. Amarettini in einen Gefrierbeutel geben, Beutel fest verschließen. Amarettini mit einer Teigrolle grob zerbröseln.

{4} Für den Teig Eier in einer großen Rührschüssel mit Handrührgerät mit Rührbesen auf höchster Stufe in 1 Minute schaumig schlagen. Zucker und Vanille-Zucker mischen, in 1 Minute unter Rühren einstreuen, dann noch etwa 2 Minuten weiterschlagen.

{5} Mehl mit der Schokoladenbutter vorsichtig unter den Eierschaum heben. Den Teig in ein tiefes Backblech (30 x 40 cm, mit Backpapier belegt) geben und glatt streichen. Sauerkirschen darauf verteilen und mit Amarettinibröseln bestreuen. Das Backblech in den vorgeheizten Backofen schieben. Den Kuchen etwa 35 Minuten backen (den Kuchen evtl. nach der Hälfte der Backzeit mit Backpapier belegen).

{6} Das Backblech auf einen Kuchenrost stellen. Den Kuchen erkalten lassen.

{7} Für den Guss aus Tortengusspulver, Zucker und Zimt und Sauerkirschsaft einen Guss nach Packungsanleitung zubereiten. Den Kuchen mit dem Guss beträufeln. Guss fest werden lassen. Den Kuchen in etwa 5 x 5 cm große Stücke schneiden.

TIPPS: Der Kuchen kann mit unterschiedlichen Gewürzen wie gemahlenem Kardamompulver, Lebkuchengewürz oder gemahlenem Zimt gewürzt werden. Der Kuchen bekommt dann eine individuelle Note.
Der Kuchen eignet sich im großen Stück zum Einfrieren. Kleine Stücke trocken zu schnell aus.

Zubereitungszeit:
65 Minuten
Backzeit:
etwa 35 Minuten

Pro Stück:
E: 3 g, F: 8 g, Kh: 15 g,
kJ: 606, kcal: 145, BE: 1,5

FÜR KINDER

Ratgeber Kuchenbuffets

Abkürzungen
EL = Esslöffel
TL = Teelöffel
Msp. = Messerspitze
Pck. = Packung/Päckchen
g = Gramm
kg = Kilogramm
ml = Milliliter
l = Liter
evtl. = eventuell
geh. = gehäuft
gestr. = gestrichen
TK = Tiefkühlprodukt
°C = Grad Celsius
Ø = Durchmesser

Kalorien-/ Nährwertangaben
E = Eiweiß
F = Fett
Kh = Kohlenhydrate
kcal = Kilokalorien
kJ = Kilojoule
BE= Broteinheiten

Kuchenbuffets lassen sich mit denkbar einfachen Mitteln zusammenstellen. Ein paar unterschiedlich hohe Kartons zusammengestellt, mit Servietten oder Tortenspitzen belegt und darauf die Kuchenstücke gelegt – schon ist ein Buffet fertig.

Das spart Geschirr:
Jedes Stück Kuchen kann in Papier-Muffinförmchen gelegt werden. Backpapier kann mit wenigen Handgriffen in kleine Stücke geschnitten und um jedes Kuchenstück gelegt werden. Das spart bei festeren Kuchen sogar den Teller, denn die Stücke können aus der Hand gegessen werden.

Die Blechkuchen können aber auch im Ganzen aufs Buffet gestellt werden. Jeder schneidet sich sein Stück in beliebiger Größe selbst ab.

Perfekte Schnitte:
Für weiche, cremige Blechkuchen sollte unbedingt ein Elektromesser verwendet werden.
Damit die Schnitten sauber werden, das Messer nach jedem Schnitt in heißes Wasser tauchen.
Bei festeren Kuchen kann ein großes Messer verwendet werden.
Ist feste Schokolade zu schneiden, sollte das Messer angewärmt werden. Dafür das Messer kurz unter heißes Wasser halten, abtrocknen und erst dann die Schokolade schneiden. Wer eine Gasflamme zur Verfügung hat, kann das gesäuberte Messer kurz darüberhalten.

Trockene Kuchenränder:
Die Ränder von einzelnen Kuchenstücken trocknen nach kurzer Zeit aus. Wer aber alles gut vorbereiten möchte, schiebt die geschnittenen Kuchenstücke einfach dicht zusammen auf eine Servierplatte und legt sie erst im letzten Moment auseinander.

Jeder bringt ein Blech mit:
Jeder Gast backt nach Können und Erfahrung ein schwieriges oder einfaches Rezept aus diesem Buch und bringt den Kuchen mit. Zusammengestellt kann es ein umwerfend vielseitiges Buffet werden.

Große Rührschüsseln:
Weil die Zutatenmengen in den Rezepten größer sind als bei normalen Kuchen, braucht man größere Rührschüsseln. Zum perfekten Mischen der Zutaten können auch Salatschüsseln oder andere große Haushaltsschüsseln, z. B. aus Kunststoff, benutzt werden.

Streuselteige:
Bei der Zubereitung von Streuselteigen eignet sich am besten eine Schüssel mit Spritzschutz – oder Sie legen etwas Küchenpapier über die Schüssel.

Die richtige Temperatur für Rührteige:

Für Rührteige mit hohem Butteranteil sollten die Zutaten zimmerwarm sein. Bevor Butter aufgeschlagen wird, sollte sie mit der Schüssel kurz in warmes Wasser gestellt und angeschmolzen werden.
Die Eier niemals kalt hinzufügen. Sie können ebenfalls kurz in warmes Wasser gelegt und so auf die richtige Temperatur gebracht werden.

Vermischen von empfindlichen Teigmassen:

In einigen Rezepten werden Zutaten mit Eischaum vermischt. Das geht am besten mit einem Teigschaber. Oder wie es die Profis machen: Die unterschiedlichen Massen ganz vorsichtig mit der Teigkarte vermischen.

Blechgrößen:

Bei den hier vorgestellten Rezepten ist es nicht so wichtig, wenn die Backblechgrößen etwas abweichen. So können alle Rezepte auch auf Backblechen, die 1-2 cm breiter oder schmaler sind, gebacken werden. Allerdings sollten tiefe Backbleche mit einer eingedrückten Fettmulde keine Verwendung finden. Wer kein tiefes Backblech hat, kann einen Backrahmen auf ein flaches Blech stellen. Das Backpapier wird dann an den Außenseiten hochgezogen und an den Ecken verdreht, sodass ein weicher Teig beim Backen nicht auslaufen kann.

Extratipps:

Alle Blechkuchen (ohne frische Früchte) sind ungeschnitten 1–2 Tage haltbar. Daher eignen sie sich besonders gut zum Vorbereiten.
Ist damit zu rechnen, dass gefüllter Kuchen eine Weile auf dem Kuchenbuffet steht, erhöhen Sie je nach Rezept die Gelatinemenge um 1-2 Blatt. Oder Sie rühren 1 Päckchen Dr. Oetker Sahnesteif je 250 g Schlagsahne nach Packungsanleitung unter die nicht gebundene Sahnefüllung.
Cremes und Glasuren sind empfindlich gegenüber Fremdgerüchen im Kühlschrank. Daher die Kuchenstücke mit Frischhaltefolie zudecken oder das ganze Backblech in eine Plastiktüte schieben und diese verschließen.

Allgemeine Hinweise zu den Rezepten

Lesen Sie bitte vor der Zubereitung – besser noch vor dem Einkauf – das Rezept einmal vollständig durch. Oft werden Arbeitsabläufe oder -zusammenhänge dann klarer. Wenn Eier in einem Rezept nicht mitgebacken werden, nur ganz frische Eier verwenden, die nicht älter als 5 Tage sind (Legedatum beachten).

Zutatenliste

Die Zutaten sind in der Reihenfolge ihrer Verarbeitung aufgeführt.

Arbeitsschritte

Die Arbeitsschritte sind einzeln hervorgehoben, in der Reihenfolge, in der sie von uns ausprobiert wurden.

Backofeneinstellung

Die in den Rezepten angegebenen Backtemperaturen und -zeiten sind Richtwerte, die je nach individueller Hitzeleistung Ihres Backofens über- oder unterschritten werden können. Bitte beachten Sie deshalb bei der Einstellung des Backofens die Gebrauchsanleitung des Herstellers. Machen Sie nach Beendigung der angegebenen Backzeit eine Garprobe.
Die Temperaturangaben in diesem Buch beziehen sich auf Elektrobacköfen. Die Temperatureinstellungsmöglichkeiten für Gasbacköfen variieren je nach Hersteller, sodass wir keine allgemeingültigen Angaben machen können.

Zubereitungszeiten

Die Zubereitungszeit beinhaltet nur die Zeit für die eigentliche Zubereitung. Die Backzeiten sind gesondert ausgewiesen. Längere Wartezeiten wie z. B. Kühlzeiten sind nicht mit einbezogen.

Register

Versuch macht klug!
Selbst mitmachen und die Dr. Oetker Versuchsküche live erleben – heißt es in Bielefeld. Dort finden regelmäßig Seminare und Vorführungen statt, bei denen den Profis der Versuchsküche über die Schulter geschaut und selbst Hand angelegt werden kann.
Es gibt wertvolle Tipps und so manch raffinierter Trick wird verraten. Zum Abschluss kann das Selbstgemachte in gemütlicher Runde probiert werden. Erleben Sie einen schönen Tag in der Dr. Oetker Versuchsküche.
Wir freuen uns auf Sie.
Alle Infos unter www.oetker.de oder unter 00800 71 72 73 74 (gebührenfrei in Deutschland).
Dr. Oetker
Qualität ist das beste Rezept.

Impressum

Für Fragen, Vorschläge oder Anregungen stehen Ihnen der Verbraucherservice der Dr. Oetker Versuchsküche Telefon: 0 08 00 71 72 73 74
Mo.-Fr. 8:00 - 18:00 Uhr, Sa. 9:00 - 15:00 Uhr (gebührenfrei in Deutschland) oder die Mitarbeiter des Dr. Oetker Verlages
Telefon: +49 (0) 521 5206 50 Mo.-Fr. 9:00-15:00 Uhr zur Verfügung
Schreiben Sie uns: Dr. Oetker Verlag KG, Am Bach 11, 33602 Bielefeld oder besuchen Sie uns im Internet unter www.oetker.de.

Umwelthinweis: Dieses Buch und der Einband wurden auf chlorfrei gebleichtem Papier gedruckt. Die Einschrumpffolie – zum Schutz vor Verschmutzung – ist aus umweltfreundlichem und recyclingfähigem PE-Material.

Redaktion: Carola Reich, Annette Riesenberg, Sabine Lüning

Titelfoto und Innenfotos: Walter Cimbal, Hamburg

Foodstyling: Hermann Rottmann, Hamburg

Rezeptentwicklung und -beratung: Hermann Rottmann, Hamburg

Nährwertberechnungen: Nutri Service, Hennef

Grafisches Konzept: fuchs-design, Sabine Fuchs, München
Fotografisches Konzept: Walter Cimbal, Hamburg
Titelgestaltung: kontur:design, Bielefeld

Reproduktionen: Repro Ludwig, Zell am See, Österreich
Satz: Final Art, Manfred Karg, München
Druck und Bindung: Firmengruppe APPL, aprinta druck, Wemding

ISBN 978-3-7670-0839-7